Cómo cultivar
la espiritualidad

Phillip A. Johansen

Editorial Anuket

Tabla de contenido

Prólogo

La espiritualidad es una parte fundamental de la experiencia humana. Aunque su definición puede variar según la perspectiva cultural y personal, en términos generales, se refiere a la búsqueda de un significado más profundo y trascendente en la vida. La espiritualidad puede manifestarse de diversas maneras y desempeñar un papel crucial en el bienestar emocional, mental y físico de las personas. En este libro, exploraremos algunas de las diferentes manifestaciones de la espiritualidad y compartiremos algunas formas de fomentarla en nuestra vida cotidiana.

Religión y espiritualidad: A través de rituales, prácticas y creencias compartidas, las religiones ofrecen un marco estructurado para explorar la espiritualidad. Sin embargo, la espiritualidad también puede existir fuera de los confines religiosos, ya que muchas personas encuentran su conexión con lo trascendente de formas más individuales y personalizadas.

Conexión con la naturaleza: Observar la belleza de un paisaje, pasear por un bosque o sumergirse en el océano puede despertar una sensación de asombro y admiración. Al conectarnos con la naturaleza, podemos experimentar un sentido de unidad y pertenencia a algo más grande que nosotros mismos.

Meditación y contemplación: La meditación y la contemplación son prácticas que nos ayudan a calmar la mente y conectar con nuestro ser interior. A través de la atención plena y la introspección, podemos explorar nuestra espiritualidad sin etiquetas ni dogmas. La meditación nos invita a observar nuestros pensamientos y emociones sin juzgarlos, permitiéndonos experimentar una mayor claridad y paz interior.

Servicio y generosidad: La espiritualidad también puede manifestarse a través del servicio y la generosidad hacia los demás. Al dedicar tiempo y energía a ayudar a los demás, podemos cultivar un sentido de conexión y propósito más profundo. El acto de dar y brindar apoyo puede ser una experiencia transformadora tanto para el receptor como para el donante, nutrir el espíritu y generar un impacto positivo en la comunidad.

Exploración personal y crecimiento interior: A través de la exploración de nuestras creencias, valores y pasiones, podemos conectar con nuestro propósito de vida y vivir de acuerdo con nuestros principios más profundos. La lectura de libros inspiradores, la participación en grupos de discusión o el trabajo con un mentor espiritual pueden ser herramientas útiles en esta búsqueda de la espiritualidad personal.

Fomentar la espiritualidad en la vida cotidiana

Practicar la gratitud: Cultivar un sentido de gratitud por las bendiciones de la vida puede ayudarnos a conectarnos con lo sagrado y valorar las experiencias cotidianas.

Cultivar momentos de silencio: Reservar tiempo periódico para el silencio y la reflexión nos permite sintonizarnos con nuestro ser interior y escuchar nuestra intuición.

Vivir con autenticidad: Honrar nuestros valores y vivir de acuerdo con nuestra verdad interior nos brinda una sensación de coherencia y satisfacción espiritual.

Establecer rituales personales: Crear rituales personales, como la meditación matutina, la escritura en un diario o la práctica de yoga, puede ayudarnos a conectarnos con lo divino en nuestro día a día.

Buscar comunidad: Participar en grupos o comunidades con intereses espirituales similares puede proporcionar un apoyo invaluable y la oportunidad de compartir experiencias y conocimientos.

Cultivar la atención plena: La atención plena, o mindfulness, implica estar plenamente presente en el momento presente, sin juzgar ni aferrarse a los pensamientos o emociones. Practicar la atención plena nos ayuda a conectar con nuestra esencia espiritual al permitirnos apreciar plenamente cada experiencia y encontrar la belleza en lo simple. Puedes integrar la atención plena en tu rutina diaria al prestar atención consciente mientras comes, caminas o incluso realizas tareas domésticas.

Practicar la autocompasión: La espiritualidad no solo se trata de conectar con lo divino, sino también de cultivar una relación saludable con nosotros mismos. La autocompasión implica tratarnos con amabilidad, comprensión y aceptación, incluso en momentos de dificultad. Practicar la autocompasión nos permite desarrollar una relación más profunda con nuestro yo interno y nutrir nuestro crecimiento espiritual.

Explorar diferentes tradiciones espirituales: La espiritualidad es un viaje personal y único, y puede ser enriquecedor explorar diferentes tradiciones espirituales para ampliar nuestra comprensión. Lee libros, asiste a charlas o talleres, o participa en eventos interreligiosos para aprender sobre diversas prácticas y creencias espirituales. Esta exploración puede ayudarte a encontrar elementos que resuenen contigo y enriquecer tu propia perspectiva espiritual.

Mantener un diálogo interno reflexivo: Tomarse el tiempo para reflexionar internamente es una forma poderosa de fomentar la espiritualidad. Puedes hacerlo a través de la escritura en un diario, la práctica de la autorreflexión, o incluso mantener conversaciones sinceras contigo mismo. Pregúntate sobre tus valores, tus metas y cómo te sientes en tu camino espiritual.

Escucha tus respuestas internas con atención y apertura.

Integrar la espiritualidad en tus relaciones y acciones: La espiritualidad no se limita a nuestras prácticas, sino que también se refleja en nuestras relaciones personales y acciones en el mundo. Trata de vivir tus valores espirituales en tus interacciones diarias, mostrando compasión, empatía y respeto hacia los demás. Participa en actos de servicio, colabora en proyectos comunitarios o busca oportunidades para contribuir al bienestar de los demás.

La espiritualidad es un viaje personal y en constante evolución. Fomentarla en nuestra vida cotidiana implica comprometernos con prácticas que nos conecten con lo sagrado, nos permitan crecer interiormente y vivir de manera más auténtica. Ya sea a través de la meditación, la conexión con la naturaleza, la atención plena o la exploración de diferentes tradiciones espirituales, cada uno puede encontrar su propio camino hacia una vida espiritual significativa. Al cultivar la espiritualidad, nutrimos nuestra alma y encontramos un sentido más profundo de propósito y plenitud en la vida.

Capítulo 1:
Una decisión mental

Cuando se trata de decisiones, especialmente decisiones sobre el fracaso, la mayoría de las personas quedan tan atrapadas en los errores y las frustraciones del pasado que se paralizan mentalmente. Tienes que recordar que también eres humano y siempre puedes cometer errores. Recuerda que tus errores no te definen, esos desaciertos no siempre definen tu futuro, pero siempre pueden ayudarte a enfocarte en el mañana. El progreso espiritual no significa piedad, sino que con solo unos pocos cambios en tu vida puedes marcar una gran diferencia en tu realidad, que pueden ayudarte a lograr tu objetivo de mejorar tu espiritualidad.

Al mirar hacia atrás en cada nuevo año y pensar en los cambios que te gustaría ver en tu vida, es mejor que establezcas tus prioridades.

Es posible que desees dejar de fumar, hacer más ejercicio o perder peso. Es posible que desees dejar una relación poco saludable o comenzar a construir relaciones más sólidas con tu pareja, amigos o familiares. No importa lo que quieras, recuerda que tu primera prioridad siempre debe ser una relación más fuerte con Dios.

Una de las cosas más importantes que debes recordar es perdonarte a ti mismo por el pasado. Amarte a ti mismo realmente significa ser capaz de perdonarte a ti mismo por los errores que cometiste ayer y luego hacer que amarte a ti mismo y a Dios sea una prioridad para que puedas comenzar a confiar en Él para que te guíe. Cuando comiences a priorizar acercarte a Él, Él siempre te guiará mientras buscas primero el reino de Dios. Esta es probablemente la mejor "decisión" que jamás tomarás: fortalecer tu relación con Dios y buscar Su reino. Este es el momento perfecto para comprometerse a dedicar tiempo a pensar en Él y considerar siempre a Dios en cada elección y acción que realices.

Aparta un tiempo cada día para la oración y la meditación con Dios. Tómate un tiempo para leer las Escrituras, deja que Su Palabra te guíe y establece metas realistas con la guía de Dios. También debes recordar que comenzar un compromiso espiritual no se trata solo de leer las Escrituras; se trata de considerarlo a Él en cada decisión y elección que hagas.

Utiliza tu mejor juicio y sabiduría al hacer tus elecciones. Cuando te enfrentes a la decisión de hacer o no hacer el bien, siempre considera cómo cada decisión que tomes afectará tu relación con Dios. Nunca te metas en problemas cuando cometas un error, especialmente cuando te caigas. Ten siempre la actitud correcta. No pienses en ti mismo como el peor bateador, piensa en ti mismo como el mejor lanzador. Tampoco tienes que hacer las cosas solo. Esta es la razón de los grupos de fe. Siempre tendréis una fuente de fuerza para apoyaros mutuamente.

Forma de tomar decisiones espirituales:

1. Verificación de las dimensiones humanas

Si queremos tomar decisiones informadas sobre asuntos humanos importantes, primero debemos observar y evaluar nuestra propia madurez emocional. Tenemos que preguntarnos si tenemos la madurez adecuada para tomar una decisión responsable y asumir todas las tareas y funciones que conlleva.

Uno de los mayores signos de madurez es la conciencia y la libertad de tus emociones. La comprensión espiritual también requiere que consideremos toda la historia de nuestra vida y lo que hemos logrado en ella: niveles de madurez emocional y espiritual determinados por experiencias familiares y ambientales.

Todo el pasado de una persona afecta su presente madurez emocional y espiritual. No podemos interpretar lo que Dios está haciendo en nuestras vidas sin considerar cómo nos afecta toda nuestra historia de vida. Dios no sólo considera la historia de nuestra existencia, sino que también obra y actúa en ella. Todo lo que he experimentado en mi vida, todas mis debilidades y fortalezas actuales, es el punto de partida para las intuiciones espirituales.

Como humanos, tenemos muchas limitaciones y problemas. Si queremos crear percepciones mentales honestas, debemos ser conscientes de ellas e incorporarlas en nuestro proceso de toma de decisiones. Mientras seamos conscientes y estemos dispuestos a superar las limitaciones y debilidades humanas, éstas no serán un obstáculo para buscar y encontrar la voluntad de Dios. No podemos obtener perspicacia espiritual si no somos conscientes de nuestras propias limitaciones, debilidades y deficiencias en la búsqueda de la voluntad de Dios. El discernimiento espiritual requiere la capacidad de confiar en Dios para admitir las debilidades, los errores y los pecados de uno. Debemos aceptar todo nuestro pasado, cualquiera que sea, y entregarlo completamente a Dios. Dios tiene en cuenta nuestras debilidades humanas, presentes y pasadas, cuando nos revela su voluntad.

El miedo y la evitación del pasado nos alejan de la verdadera percepción espiritual. Cada uno de nosotros tiene una estrecha relación entre pasado, presente y futuro. La percepción espiritual también requiere que enfrentemos todos los problemas. Con perspicacia espiritual, debemos ser conscientes de que nosotros mismos podemos malinterpretar nuestros propios sentimientos y emociones. Puede haber una falta de coincidencia entre nuestra motivación declarada y lo que realmente funciona para nosotros. La diferencia no es posible sin ser conscientes de todas las emociones dentro de nosotros y abstenernos de ellas. Las reacciones emocionales inconscientes pueden convertirse en un obstáculo para comprender nuestras propias acciones y deseos mentales.

La percepción espiritual es una forma de análisis mental, pero siempre estrechamente relacionada con nuestras emociones. Los sentimientos no son solo un elemento de nuestra vida mental, sino también un elemento importante de nuestra vida espiritual. Ser abierto y honesto acerca de tus sentimientos es el primer paso para aceptar la voluntad de Dios. Si no reconocemos la debilidad y las limitaciones de la naturaleza humana, ciertamente no seremos capaces de aceptar la voluntad de Dios. El primer paso para aceptar verdaderamente la voluntad de Dios es aceptarte a ti mismo, tu vida tal como es. Si estamos demasiado esclavizados por nuestros problemas, entonces no podemos hacer una distinción espiritual porque no tenemos la libertad interior necesaria para aceptar la voluntad de Dios.

Estar de acuerdo contigo mismo y con tu situación humana significa alejarte de ti mismo. Este alejamiento de uno mismo es la condición para aceptar a Dios y su voluntad. Si los problemas humanos en el discernimiento espiritual fueran ignorados, descuidados o despreciados, entonces correríamos el riesgo de desarrollar una espiritualidad sin cuerpo, no humana, separada de la persona humana, correríamos el riesgo de desarrollar una ilusión en nosotros.

La percepción espiritual también requiere algo de paz mental. Si nos encontramos en cierta desesperación, depresión, tristeza, gran dolor mental y al mismo tiempo no mantenemos una distancia adecuada de estos sentimientos, entonces tenemos que ser pacientes. Debemos esperar tiempos más apropiados para el discernimiento espiritual y la toma de decisiones. Para que el estado de tristeza y depresión sea un signo de la era de la búsqueda de la voluntad de Dios, debe ser superado. Vivir bajo la influencia del dolor es un obstáculo para la comprensión espiritual. Nos impide mirarnos objetivamente a nosotros mismos y a las situaciones en las que nos encontramos.

Entre los muchos determinantes de la percepción espiritual, también se debe prestar atención a la salud. No podemos decir, especialmente cuando se trata de tomar decisiones importantes, si se trata de agotamiento mental o físico.

2. Confirmar el nivel espiritual

No podemos hacer una distinción espiritual si no tenemos vida espiritual real en nosotros. Si no tenemos una base espiritual sólida para buscar, discernir y hacer la voluntad de Dios, podemos ser fácilmente engañados.

Cuanto más rica y profunda sea la vida espiritual, mayor será la posibilidad de comprender la voluntad de Dios. La calidad de la vida espiritual garantiza la calidad de la comprensión espiritual. Si no buscáramos a Dios e hiciéramos su voluntad, sino solo a nosotros mismos, intentar discernirnos espiritualmente sería un error. Incluso si encontráramos la voluntad de Dios, por ejemplo, en la decisión de un superior, no la aceptaríamos. Más bien, estamos abrumados por la irritación interna, el desánimo y la tristeza. Sin embargo, no será tristeza por el crecimiento espiritual. El dolor del joven rico del Evangelio no lo acercó a Jesús, sino al contrario, lo alejó de él.

Acceder a la percepción espiritual requiere un deseo genuino y una apertura a la voluntad de Dios. Sin embargo, no es ni apertura declarativa ni apertura a sentimientos subjetivos personales. Reconocer, buscar y descubrir la voluntad de Dios comienza por cuestionar lo que quiero con mi única voluntad humana. La percepción espiritual nos pregunta: ¿Mis deseos y planes están guiados por la voluntad de Dios o solo por lo que hay en mí? ¿Ha aumentado mi deseo de alinear mi vida con la voluntad de Dios? ¿Estoy listo para poner mi vida en las manos de Dios y dejar que todo suceda de acuerdo a la voluntad de Él? ¿No estoy poniendo condiciones para que todo se lleve de acuerdo a Su voluntad? Esta capacidad de cuestionarte a ti mismo es una de las señales de que estás listo para crear una verdadera percepción espiritual. De hecho, la comprensión de la mente no se trata principalmente de lo externo, como si fuera la aplicación técnica de un determinado método, sino del proceso interno de transformación que tiene lugar en la mente humana. Uno de los criterios importantes para determinar si uno puede realmente buscar la voluntad de Dios es si puede orar durante mucho tiempo; la capacidad de estar ante Dios y sentir su inspiración.

3. Obtener ayuda de la iglesia

Hagamos hincapié en el papel del liderazgo espiritual en la comprensión de la voluntad de Dios. Sin embargo, este no es un buen consejo para una persona cautelosa y experimentada en primer lugar. En la intuición espiritual, el maestro espiritual actúa primero como testigo, observando y discerniendo el trabajo personal del penitente. El maestro espiritual confirma los frutos de la comprensión personal evaluando la conciencia. No lo hace en su propio nombre, sino en nombre de la Iglesia.

Creemos que el Espíritu Santo se involucra a través de una dirección espiritual genuina para confirmar que estamos buscando y haciendo la voluntad de Dios.

La sensibilidad hacia Dios, tanto en el administrador como en el penitente, les hace descubrir juntos la voluntad de Dios. Pueden descubrir juntos, pero sólo la persona interesada puede tomar la decisión de hacer la voluntad de Dios. Claramente persuadir y empujar a un penitente a tomar una decisión, especialmente cuando se siente muy inseguro y perdido, es siempre una especie de abuso.

Cuanto mayor es el estrés psicológico, mayor es la violencia. Esto es especialmente cierto para las decisiones irrevocables como el matrimonio, la ordenación sacerdotal, la toma de votos religiosos, etc. El consuelo temporal que una persona insegura toma bajo cierta presión para finalmente tomar una decisión puede ser muy engañoso. Las preguntas sin resolver y la confusión a menudo regresan incluso años después, a veces con mayor fuerza.

¿Por qué necesitamos la ayuda de un maestro espiritual para buscar la voluntad de Dios? Debido a que nos aislamos, somos fácilmente engañados por nuestros propios deseos y los malos espíritus que habitan en ellos. Nuestras pasiones y las obras de los malos espíritus que obran en ellas, para vencerlas con éxito, deben ser reveladas a la Iglesia: un confesor, un maestro espiritual o, como decía San Ignacio: una persona religiosa que conoce las artimañas de un espíritu maligno. Estar abiertos a la Iglesia nos permite ver claramente nuestra situación. S. Ignacio creía firmemente que Dios actuaba en la sinceridad del hombre ante un representante de la Iglesia.

Un buen liderazgo espiritual nos da la confianza interna de que no nos mueven motivos internos desordenados e inconscientes, sino un deseo de buscar y hacer la voluntad de Dios. Las artimañas y persuasiones de los espíritus malignos que quieren guardar secretos siempre van en contra de la voluntad de Dios, aunque a menudo son similares.

4. Métodos de discernimiento espiritual

El discernimiento espiritual es una función de la vida espiritual que coexiste con otras funciones como la escucha de la palabra de Dios. Gracias a estas funciones, la vida espiritual de una persona se vuelve transparente y se desarrolla. Solo cuando vemos claro (no solo con la mente, sino sobre todo con el corazón) podemos crecer espiritualmente, podemos crecer en amor y libertad. Una visión clara y ordenada allana el camino para una acción clara y ordenada. Si no vemos toda la realidad de manera ordenada según la voluntad de Dios, no podemos actuar de la manera correcta, a la manera de Dios.

La visión espiritual es contemplación, y la acción es un compromiso concreto en la vida para poner en acción los frutos de la contemplación. La percepción espiritual existe entre la visión espiritual (es decir, la contemplación) y la acción (es decir, el compromiso de vivir).

La percepción espiritual trae firmeza y fidelidad a la vida espiritual. Sin discernimiento espiritual, no podemos ser fieles a Dios. La lealtad requiere escuchar a Dios revelarnos su voluntad. Pero debemos saber que el discernimiento espiritual no es la aplicación mecánica de ningún método. Usar un método nunca resolverá mecánicamente nuestros problemas individuales. La intuición espiritual, la búsqueda y satisfacción de la voluntad de Dios es una experiencia de transformación interior en las circunstancias en las que el mismo Dios nos ha puesto.

Además, la intuición espiritual no puede ser una evaluación espontánea y reflexiva de la condición humana, una evaluación constantemente improvisada. La percepción espiritual crea un proceso. Este proceso debe estar completamente preparado. Ya sea que se trate de una decisión importante en la vida o de una decisión cotidiana aparentemente pequeña, esta preparación es necesaria. Estas pequeñas decisiones son a veces muy importantes para la vida espiritual. Nuestra vida espiritual a menudo se compone de pequeñas decisiones diarias.

Así como uno no puede rezar sin usar incluso el método más simple de oración, tampoco se puede practicar el discernimiento espiritual sin usar un método especial. He aquí una sugerencia para un acercamiento personal al discernimiento espiritual. Se puede adaptar a las necesidades y capacidades individuales de cada uno de nosotros:

A) La primera etapa importante de la comprensión espiritual es la recopilación de información. Antes de que puedas hacer un juicio mental sobre un asunto, primero debes recopilar toda la información que pueda ser relevante para ese asunto. Si no se dispone de toda la información necesaria para tomar una decisión, la decisión siempre será algo aleatoria.

A través de la reflexión personal, la oración y el enfoque, debemos mirar los problemas que reconocemos desde una perspectiva diferente. A veces hay que considerar toda la historia de vida hasta ahora y todo lo que se deriva de ella: la madurez de una persona, la vida espiritual, el trauma, el miedo. Debemos ser capaces de ver qué papel jugarán nuestros rasgos de carácter, hábitos, debilidades y defectos en nuestra toma de decisiones. Recolectar información también significa poder anticipar las dificultades que podemos encontrar en la implementación de nuestras decisiones.

La recopilación de información es un trabajo humano, parte del cual es obra del Espíritu Santo. Si carecemos de información básica sobre las circunstancias de nuestra vida, las relaciones que nuestra historia de vida ha creado o información sobre la carrera que queremos seguir, corremos el riesgo de tomar malas decisiones sin culpa nuestra. Recopilar información puede requerir mucho esfuerzo, pero ese es el precio que paga por tomar buenas decisiones en la vida.

B) El segundo paso importante, elemento de intuición espiritual, es la oración personal y la reflexión sobre las decisiones. En la intuición espiritual, la oración y la reflexión personal deben ir de la mano. Una de las cosas a comprender es preguntarse: ¿Cuál es el motivo de aceptar y cumplir la inspiración que surge en mi mente? ¿Cuáles podrían ser las razones de su rechazo?

La oración no es simplemente un medio para masticar los argumentos hechos por la mente humana. En la oración podemos aceptar nuevas razones, nuevos motivos, que son fruto de la obra del Espíritu Santo en nosotros. Para nosotros, la oración puede iluminar cosas que todavía son confusas y poco claras en el proceso de meditación humana.

Las razones a favor y en contra de una decisión o elección no son expresiones puras de las necesidades, deseos y emociones caóticas humanas. Nuestra motivación más profunda para elegir es buscar y encontrar la voluntad de Dios. En la percepción espiritual, debemos cuestionar y probar incluso las cosas que parecen obvias y claras desde una perspectiva humana. A la hora de buscar la voluntad de Dios, no sólo cuenta la decisión, sino también las motivaciones por las que se toma. Con solo cuestionar las decisiones existentes y sus motivaciones, se profundizan. Y aunque la decisión no tiene que cambiar, puede limpiarse de algunas necesidades humanas desordenadas.

C) El tercer elemento importante de la percepción espiritual es el análisis del funcionamiento interno. La oración y la reflexión deben ir acompañadas de un análisis de nuestra condición espiritual. Reconocer los sentimientos que nos acompañan es uno de los criterios básicos para realizar la verdad de nuestros deseos, acciones y llamados. Para tomar buenas decisiones, debes comprender tus emociones: de qué fuentes provienen de nosotros y a qué objetivos conducen. Recordemos que una gran ayuda para analizar nuestros sentimientos es expresarlos siempre frente a un guía espiritual. Analizar los movimientos internos es un trabajo que requiere la intervención emocional y mental de una persona.

D) El cuarto elemento de la percepción espiritual es la toma de decisiones. Tomar una decisión es siempre un compromiso con Dios. Aunque tengo mi libertad, en cierto sentido no es mi elección, sino la elección de Dios para mí, Su voluntad para mi vida. En nuestras decisiones, nuestro compromiso y libertad personal se combinan misteriosamente con la acción de Dios en nosotros. Una buena decisión siempre depende de que la voluntad de Dios se encuentre con la voluntad del hombre, y la libertad del hombre se encuentra con la libertad de Dios. Las demandas y los deseos de Dios para nosotros no son dictados por ningún capricho, sino el resultado de su deseo por el mayor bien de la humanidad.

Muchas de nuestras decisiones pueden ser muy difíciles para las personas. Podemos entender que nuestras elecciones son dolorosas. Sin embargo, podemos experimentar en nuestro corazón que no podemos tomar otras decisiones porque sabemos que Dios así lo quiere. Cuando las decisiones se toman con gran integridad interior, la paz llega con el tiempo, el esfuerzo y el dolor involucrados en el proceso de toma de decisiones. Esta paz no es un descanso dichoso, sino una experiencia del amor de Dios. Pasamos por todo el proceso de discernimiento espiritual: tomamos decisiones dándole a Dios nuestras opciones.

E) Muchas de nuestras decisiones relativas a la actividad apostólica, a la vida comunitaria, a la vida familiar, deben ser confirmadas por la decisión del representante de la Iglesia: en la decisión del superior, director espiritual, párroco, obispo, etc. El discernimiento espiritual personal es siempre una ayuda al representante de la Iglesia en su discernimiento de la voluntad de Dios.

La decisión tomada no es la programación de la máquina. Si la decisión no resultaba ser cierta en la vida, tendría que volver a juzgarse para que fuera correcta. Una persona puede cometer un error en su elección.

Los errores de discernimiento, sin embargo, no son una pérdida de tiempo y energía humana. De esta manera, poco a poco ganamos experiencia en el discernimiento espiritual. La experiencia personal será también el punto de partida de la ayuda al discernimiento que daremos a los demás.

Pero, ¿qué pasa si encontramos que algunas decisiones importantes están impulsadas por motivos impuros, como el miedo a uno mismo, la comodidad o la ambición enfermiza?

En este contexto, San Ignacio aconseja a quienes han hecho elecciones inapropiadas y desordenadas, es decir, no afectadas por sentimientos y afectos desordenados, que se arrepientan y traten de vivir una buena vida, vivir como parte de su elección. Insistir en los errores del pasado, odiarse a uno mismo, soportar el dolor y guardar rencor contra uno mismo o contra los demás es inútil. Tal comportamiento no cambia la condición humana. S. Ignacio anima a la gente a arrepentirse ante Dios. También los alienta a orar para que su elección sea aceptada.

Da la casualidad de que, bajo la influencia de las dificultades que experimentamos en el estado de vida elegido, volvemos (a veces simplemente por la fuerza) a la idea de que sería mejor si elegimos un camino diferente en la vida. Estos pensamientos son a menudo una tentación para evitar las dificultades de la vida asociadas con su condición, que se ha vuelto irreversible.

5. Compromiso y tiempo
La intuición espiritual, la búsqueda y satisfacción de la voluntad de Dios no puede limitarse a decisiones personales en momentos importantes de la vida, sino que debe ser un proceso de desarrollo de la vida espiritual. Las decisiones que se toman en los puntos cruciales de la vida deben ser el resultado natural de una búsqueda constante de la voluntad de Dios en todas las experiencias de la vida. Por supuesto, el comprenderse a uno mismo (insight) entendido de esta manera requiere mucha inversión interna y tiempo.

El compromiso es lo primero. Un discípulo de Jesús debe movilizarse constantemente para buscar a Dios y su voluntad, utilizando los medios humanos y espirituales a su disposición: oración personal, meditación, guía espiritual u otro diálogo espiritual.

La percepción espiritual también lleva tiempo. Dios nos ha dado tiempo para buscar, discernir y hacer Su voluntad. Debemos ser pacientes. La obra de Dios tiene lugar en Su tiempo señalado, y el tiempo de Dios siempre se adapta al tiempo del hombre y al crecimiento interior del hombre. Dios no creó todo en un estado final, perfecto, pero nos dio el poder y el tiempo para crecer.

Ser criatura en la tierra es entrar en el tiempo, una maduración que se da en el tiempo. La vida espiritual de una persona tiene su propio ritmo. Tienes que respetar este ritmo y moverte libremente en él. Buscar la voluntad de Dios requiere distinguir los deseos espirituales de los deseos egoístas del hombre, porque las personas no pueden aceptar su propia debilidad y resistirla, por lo que quieren resolver todo de una vez. También debemos tener en cuenta que la perspicacia espiritual no puede equipararse con el juicio humano sabio. Buscar y encontrar la voluntad de Dios mientras se permite la discreción humana no se limita a esto. El discernimiento consiste ante todo en buscar a Dios mismo y su voluntad. La perspicacia es una expresión de fe madura. Se necesita madurez humana y espiritual para discernir las muchas y variadas voces de la voz de Dios. Solo aquellos que fiel y persistentemente escuchan la Palabra de Dios y continúan buscando a Dios pueden saber lo que Dios ha hecho y lo que Dios hará en sus vidas.

Capítulo 2
Ámate a ti mismo

Amor: esta palabra se usa con mayor frecuencia en relación con otras personas. Decimos que amamos a alguien o que alguien nos ama. Amamos a nuestros padres, a nuestra pareja, a nuestros hijos y a nuestros hermanos de diferentes maneras. Todos nos aman de manera diferente. ¿Qué tal amarte a ti mismo? ¿No es eso egoísta? ¿Podemos respetar, comprender y amar a los demás amándonos a nosotros mismos? ¿Cómo nos amamos a nosotros mismos? ¿Qué es el amor propio? El amor propio no tiene nada que ver con el egoísmo, que entendemos como egoísmo excesivo y falta de atención a los derechos, necesidades y expectativas de los demás. El amor propio es una forma saludable de egoísmo que incluye el respeto por uno mismo, sus derechos, necesidades y expectativas, así como el respeto por los derechos, expectativas y necesidades de los demás.

La espiritualidad y el amor propio son dos aspectos fundamentales del desarrollo humano que están intrínsecamente relacionados. La espiritualidad se refiere a nuestra conexión con algo más grande que nosotros mismos, mientras que el amor propio implica el cuidado y la aceptación profunda de uno mismo. En este capítulo, exploraremos la conexión entre la espiritualidad y el amor propio, y cómo cultivar una relación sólida entre ambos aspectos para el crecimiento personal y espiritual.

Reconociendo nuestra esencia espiritual: La espiritualidad nos invita a reconocer nuestra esencia divina y la chispa sagrada que reside en cada uno de nosotros. Al conectar con esta dimensión espiritual, podemos comenzar a comprender nuestra propia valía intrínseca y cultivar una mayor compasión y aceptación hacia nosotros mismos.

Abrazando la autenticidad: La espiritualidad nos aliena a vivir de manera auténtica con nuestros valores y verdades más profundas. El amor propio implica aceptarnos y amarnos tal como somos, sin pretender ser alguien más. Al honrar nuestra autenticidad, podemos nutrir nuestra esencia espiritual y cultivar un amor propio saludable y duradero.

Practicando la autocompasión: La autocompasión es un componente crucial del amor propio y la espiritualidad. Implica tratarnos con amabilidad, comprensión y aceptación, especialmente en momentos de dificultad o autocrítica. Al practicar la autocompasión, reconocemos que somos seres imperfectos y merecedores de amor y cuidado, al igual que cualquier otra persona.

Cultivando la conexión interior: La espiritualidad nos invita a explorar y cultivar una conexión profunda con nuestro ser interior. A través de prácticas como la meditación, la contemplación y el silencio, podemos sintonizarnos con nuestra voz interior y nutrir una relación auténtica con nosotros mismos. Esta conexión interna fortalece el amor propio al permitirnos conocernos más profundamente y confiar en nuestra propia sabiduría interna.

Liberándonos de la autocrítica y el juicio: La espiritualidad nos enseña a liberarnos del juicio y la autocrítica excesiva. A medida que cultivamos una mayor conciencia espiritual, reconocemos que todos somos seres en constante crecimiento y aprendizaje. Aceptamos nuestras imperfecciones y nos perdonamos a nosotros mismos por los errores cometidos. Al liberarnos del juicio y la autocrítica, abrimos espacio para el amor propio y la compasión hacia nosotros mismos.

Integrando el amor incondicional: La espiritualidad nos enseña el amor incondicional, un amor que trasciende las limitaciones y expectativas. Al cultivar una comprensión más profunda de este amor incondicional, podemos extenderlo hacia nosotros mismos. Reconocemos que merecemos amor y aceptamos sin importar nuestras imperfecciones o errores. Al practicar el amor incondicional hacia nosotros mismos, nutrimos el amor propio y nos conectamos con nuestra esencia espiritual.

¿Qué significa amarte a ti mismo?

Amarnos a nosotros mismos es aceptar quienes somos: aceptar nuestra existencia. Se refiere a la apariencia, salud, personalidad, habilidades, logros, fortalezas y debilidades. Eso no significa que no trabajemos duro para cambiar algunas cosas de nosotros mismos. Tomamos medidas para minimizar todo tipo de fallas e imperfecciones, pero nos aceptamos incluso cuando las tenemos. Aunque podemos hacer esfuerzos consciontes para cambiar, no nos sentimos culpables por ello.

Autoestima positiva

El arte de amarte a ti mismo es verte a ti mismo de manera positiva incluso cuando ciertas cosas no están bien para nosotros o contradicen nuestros valores aceptados. El hecho de que lo hagamos no nos invalida, simplemente lo hacemos. No destruye nuestra esencia. Seguimos siendo bastante buenos a nuestros propios ojos, a pesar de que hemos hecho algunas cosas que no son buenas. El amor propio implica saber que no tengo que doblegarme a la voluntad de los demás cuando no quiero. El egoísmo enfermizo es la suposición de que otras personas deben adelantarse a nosotros, satisfacer nuestras demandas y satisfacer nuestras expectativas. El amor propio saludable significa complacerte a ti mismo sin lastimar a los demás. No está de más comprar el último paquete de galletas, incluso si te arrepientes. Empujar a alguien del estante para obtener el premio que deseas sería una mala acción.

¿Cuál es tu opinión?

Nuestra actitud hacia nosotros mismos a menudo se expresa como "Lo siento, estoy vivo" o "Estoy vivo, todos los demás están a mi alrededor". En otras palabras, nos descuidamos y despreciamos o, por el contrario, nos elevamos por encima de los demás. ¿Por qué está pasando esto? A la mayoría de nosotros simplemente no se nos enseña el egoísmo saludable.

Nadie dice que tenemos derecho a amarnos a nosotros mismos, y nadie nos dice cómo hacerlo.

Educación y Crítica Conductual.

Aprender a amarte a ti mismo pasa por la experiencia del amor incondicional. Conseguir ese tipo de amor es muy difícil, como la mayoría de los padres esperan de sus hijos. Por ejemplo, ser cortés y no causar problemas. Esto es natural y deseado para tus padres. Pero un niño que es criticado severamente por un comportamiento que no les gusta a sus padres, hará que el niño ya no se aceptará completamente, ya sea en lo bueno o malo. No se perdonará a sí mismo, que es la virtud básica del amor propio. La dificultad de amarse a sí mismo también proviene del hecho de que crecer este amor está asociado con el egoísmo y todas sus manifestaciones son tratadas como tales.

¿Egoísmo?

Se pide a los niños pequeños que le den el juguete a otro niño que llora. Sería mejor que se enteraran de que el otro puede o no devolverle el juguete que les pertenece. Quedarse con los juguetes y negarse a prestarlos se considera egoísta en la edad adulta. Este mensaje repetido sistemáticamente hace que el niño se sienta mal cuando quiere algo para sí mismo. Como adulto, no sabe cómo amarse a sí mismo, que tal cosa es incluso posible.

El significado del amor propio

El amor propio, entendido como autoconocimiento, es la base para el equilibrio psicológico, el bienestar y las buenas relaciones con los demás. Si no nos amamos a nosotros mismos, no tenemos la capacidad de amar a otra persona, porque nosotros mismos no conocemos este sentimiento. Si no nos amamos a nosotros mismos, seremos suspicaces, retraídos, temerosos, conservadores y excesivamente egocéntricos. A menudo tenemos sentimientos de injusticia e ira hacia las personas y el mundo. Nos quejamos más y no vemos nada bueno a nuestro alrededor. Tratamos la realidad circundante como nos tratamos a nosotros mismos: negativamente.

Falta de autoaceptación y amor propio.

La gente asiste a psicoterapia con varios problemas. Durante la terapia, una persona a menudo descubre que estos problemas se derivan de la falta de autoaceptación y amor propio. Hoy se sabe que sólo una persona que se ama a sí misma es capaz de vivir en armonía con el mundo y las demás personas. Puede apoyarse a sí mismo en la resolución de varios problemas

La autoaceptación es importante

La autoaceptación también es necesaria para cambiar uno mismo. El cambio es un trabajo que solo se puede hacer si nos cuidamos. En otras palabras, cuando somos valiosos e importantes a nuestros propios ojos.

¿Qué no es el amor propio?

El amor propio no es un amor propio acrítico o la creencia de que eres mejor que los demás en todo. Enfatizar constantemente tus puntos buenos y sobresalir puede ser un síntoma de una falta oculta de autoestima. Es una especie de defensa contra el hecho de que alguien verá cuánto no nos amamos y no estamos seguros de nosotros mismos.

No tienes que intentarlo

Las personas que se aman a sí mismas no necesitan demostrar constantemente a los demás que son dignas de respeto y aprobación. Se conocen y se respetan a sí mismos, y esto es suficiente para la felicidad y las buenas relaciones con los otros.

Las personas que se aman a sí mismas no se culpan por sus defectos y carencias, pero al mismo tiempo no eluden la responsabilidad por lo que hacen. El amor propio saludable no tiene nada que ver con encubrir y fingir todo lo que hacemos. Paradójicamente, amarnos a nosotros mismos nos permite admitir nuestros errores porque aceptamos que no somos perfectos.

Cómo amarte a ti mismo

Las creencias muy profundas y negativas sobre ti mismo se pueden cambiar conscientemente. Para ello, estudia los pensamientos más comunes que te vienen a la mente y enfréntate a la realidad. Si te has considerado un "mensajero" desde la antigüedad, recuerda la última vez que alguien dijo que eras un mensajero. Si te consideras un fracasado, recuerda la última vez que escuchaste eso sobre ti. De esta manera, las personas pueden confirmar creencias comunes y en la mayoría de los casos falsas sobre sí mismas. Creencias negativas y destructivas cuyas raíces ya no recordamos, aparecieron hace mucho tiempo, y los reclamamos como nuestros, indiscutiblemente.

Recopila buena información sobre ti

Las personas que tienen problemas con el amor propio instintivamente recuerdan y recopilan información negativa sobre sí mismas. Para empezar a amarte a ti mismo, necesitas un verdadero autoconocimiento. Por lo tanto, ya es hora de complementar la recopilación con información positiva sobre ti, obtenida en diversas circunstancias. Comienza a recoger, recordar y recopilar buena información sobre cómo te ves, cómo te comportas, qué puedes hacer, etc. Por supuesto, no se trata de himnos, sino de la pequeña retroalimentación que haces con tus oídos. Todos los días por la noche, recuerda toda la buena información recibida de los demás.

Empezar a perdonar

La falta de amor propio puede conducir a un enojo constante contigo mismo y con el mundo. Comienza a perdonarte a ti mismo por tus imperfecciones y tu dolor y bronca hacia la vida, el mundo y las personas se calmarán. Cuando te trates a ti mismo con amabilidad y comprensión, comenzarás a tratar a los demás de la misma manera. Confía en mí, la vida se vuelve más fácil.

Convertirse en un tema

En muchos casos decimos "lo haré" y es como debe ser. Por lo tanto, apuntamos a alguna causa externa que controla nuestro comportamiento. Cuando quieras amarte a ti mismo, empieza a decir "yo puedo, yo decido, yo quiero". Sé quien decida lo que sucede en tu vida. "Si quieres ser amable con los demás, primero debes ser amable contigo mismo". - Lama Yeshe

A veces, las personas son muy crueles e implacables consigo mismas. Imagina que cometiste un gran error en un proyecto en particular en el trabajo, creando otra carga para tus compañeros de oficina y para ti mismo, o podrías decir que eres tonto por accidente en una primera cita o en una reunión importante. ¿Cómo reaccionarías realmente?

Tienes que tener en cuenta que ser bueno contigo mismo no necesita incluir un calendario lleno de tratamientos de spa para ti. Simplemente significa tratarte a ti mismo como tratas a un buen amigo.

Muchas personas reaccionarían en tales situaciones castigándose a sí mismas por sus errores. En tal caso, figurativamente te estás golpeando a ti mismo. En solo una pequeña dosis, la autocrítica en realidad puede ser muy útil porque motiva a las personas a asumir más responsabilidad en todas sus acciones y las alienta a mejorar aún más. Sin embargo, la autocrítica excesiva puede ser contraproducente y debilitante.

El camino a la autocompasión

La autocompasión es realmente importante. Significa tratarte a ti mismo con comprensión y amabilidad cuando cometes un error o estás pasando por un momento difícil, tal como lo harías con otras personas que te importan. Es lo mismo que la autoestima, pero no se trata de cómo te valoras a ti mismo, se trata de cómo te tratas a ti mismo. Así que puedes ser compasivo contigo mismo, ya sea que pienses que eres una gran persona o una no tan buena en un momento dado. Por ejemplo, puedes decir que está bien cometer errores; que te esforzarás más la próxima vez.

Hay muchas maneras diferentes de desarrollar la autocompasión, una de las cuales es cambiar tu perspectiva. De hecho, es mucho más fácil para nosotros sentir compasión por los demás que por nosotros mismos. En este caso, será mejor que empecemos a tratarnos mejor.

Puedes fingir que alguien que te importa está en tu lugar. Piensa en lo que les dirías. De hecho, puedes decir cosas que son cada vez mejores que las que puedes decirte a ti mismo. Las variaciones de estos ejercicios incluyen una nueva perspectiva. También debes recordar que uno de los requisitos previos más importantes para la autocompasión es la creencia de que ti, como todos los demás, siempre merece ser tratado con amor y compasión. Desarrollar la autocompasión también puede ayudarte a protegerte de las personas destructivas. Quizás una de las claves para seguir siendo amable contigo mismo es creer siempre en ti mismo y tener más confianza en tus capacidades. Deja de ser demasiado duro contigo mismo y aprende a reconocer tus logros. A través de esto verás grandes cambios que tendrán lugar en tu vida.

Capítulo 3:
El significado de la oración

La oración es extremadamente importante. Si queremos avanzar en el camino de la vida, debemos entender que debemos orar sin cesar, como nos exhorta el apóstol Pablo en 1 Tesalonicenses 5:17.

El camino de la oración es el camino de la vida: "Pedid y se os dará". (Lucas 11:5-13; 18:1-8). El que pida vida eterna la recibirá. Si una persona quiere desarrollarse más en la vida, su vida se desarrollará más; si alguno pide ser salvo en el camino de la vida, será salvo en el camino de la vida. Quien pida fuerza para vivir una vida mejor y avanzar en el camino la recibirá. Si oramos y oramos para que podamos vencer todo lo que se interpone en nuestro camino, todo lo que mata y suprime la vida de Dios en nosotros, lo lograremos. "No lo harás porque no lo pides". (Santiago 4:2) "Hasta ahora nada habéis pedido en mi nombre. Pedid, y recibiréis, para que vuestro gozo sea completo". (Juan 16:24)

Si quieres desarrollarte más en la vida, seguir mejorando, ser cada vez más puro, desbordarte, transformarte a la semejanza de Cristo, si quieres avanzar paso a paso, ¡ora, ora, ora sin parar! (1 Tesalonicenses 5:17; Efesios 6:18; Colosenses 4:2-3)

Absorto en la oración

El camino de la oración es el verdadero camino de la vida. ¡Así que sumérgete en la oración! Jesús pasó mucho tiempo en oración, a pesar de que él era el hijo unigénito de Dios. Sí, lloró y oró en voz alta. (Hebreos 5:7) "Muy de mañana, antes del amanecer, Jesús se levantó y salió a un lugar vacío donde oraba". (Marcos 1:35)

Necesitas más para encontrar algún lugar o rincón apartado, donde puedas clamar a Dios con la mano en lo profundo de tu corazón (como vemos en la Biblia, la gente antigua oraba). Tales oraciones obran maravillas, ¡con resultados de largo alcance! Solo los que lo han probado lo saben.

Poder participar todos los días en una oración tan ferviente es como exponer las plantas a los efectos alternos del sol y la lluvia. (Hechos 2:42,46; 3,1; Judas 20-21)

La oración en tu habitación y los servicios de oración comunes con otras almas llenas de fuego son cosas asombrosas. ¡Entonces algo realmente surge!

Dios nos proporciona muchas herramientas para sobrevivir, pero ninguna se puede comparar con la capacidad de comunicarnos con Él en oración. La oración en realidad no es solo tu herramienta más valiosa; también puede ser su activo más excepcional.

En esta vida de pruebas y dificultades, es bastante difícil para las personas permanecer inquebrantables. Las cosas se están volviendo más difíciles, y sin una fuente particular de fuerza, es posible que no puedas sobrevivir en esta vida. Debido a que Dios ama a todos sus hijos, equipa a las personas con una herramienta valiosa que pueden usar para convertirse en personas más fuertes: la oración.

La oración es una de las formas clave para que te comuniques y te acerques con Él. Es un vehículo importante para una conversación diaria con Dios. No se puede subestimar la importancia de la comunicación diaria con Dios a través de la oración.

Es importante seguir en oración

La oración permite que las personas compartan con el Padre Celestial en todos los aspectos de sus vidas. Las condiciones de vida están cambiando todos los días y el futuro aún no se revela. De hecho, las cosas siempre pueden cambiar de buenas a malas en muy poco tiempo. Dios quiere que las personas le traigan sus problemas y preocupaciones, y quiere que acudan a Él todo el tiempo. Con cada bendición que recibes en esta vida, la oración te permite expresar gratitud por todo lo que Él te ha dado en esta vida. Por supuesto, siempre debes agradecer a Dios por todo lo que te ha dado. Estás pidiendo reconocer todas las bendiciones y la abundancia que tienes gracias a Él.

Todos los hombres cometen errores todos los días, y todos pecan todos los días, se den cuenta o no. No eres perfecto, pero Dios quiere que confieses tus pecados y te arrepientas, y solo puedes hacerlo a través de la oración. Te da una plataforma para la confesión y el arrepentimiento. Cuando oras, te das una gran oportunidad de liberar la carga de tu corazón.

La oración es también un acto de obediencia y adoración. En Tesalonicenses 5:16-18 puedes ver la importancia de la oración diaria. "Estad siempre alegres, orad sin cesar, dad gracias en todo, porque esta es la voluntad de Dios para con vosotros en Cristo Jesús". La voluntad del Señor es que todos sus hijos le den gracias y le oren. Es un acto de obediencia y adoración que trae gran alegría a Dios. Le encanta ver que todos sus hijos guarden sus mandamientos.

Mucha gente sabe que hay un Ser Supremo que controla las cosas y sus vidas, y a través de la oración reconocen esta realidad. Dios es supremo y nada sucede sin Su conocimiento. Todos los días debes aprender a reconocer el lugar que le corresponde en tu vida. De hecho, la oración es algo que todos deberían hacer siempre. Al orar, también expresas tu amor por él. La oración también es una de las mejores herramientas que puedes usar para cumplir los deseos de tu corazón si quieres lograr algo. Pero a veces la gente siente que Dios no contesta todas sus oraciones. Debes recordar que Dios lo sabe todo y sabe lo que quieres incluso antes de que lo pidas. Todo lo que quiere que hagas es que le seas fiel. Si has estado pensando lo mismo y Dios no parece estar respondiendo tus oraciones o dándote lo que quieres, Él quiere que aprendas algo. Dios en realidad responde tus oraciones de tres maneras: sí, no y espera. Si sabe que es bueno para ti, dirá que sí, si no es bueno para ti, dirá que no y "espera" porque hay un momento adecuado para todo. También quiere que confíes en él. También hay que tener paciencia. Ama a todos sus

hijos y sabe exactamente lo que quieren antes de que
lo pidan. Dios sabe lo que es mejor para nosotros; todo
lo que tienes que hacer es creer en él.

Capítulo 4:
Leer lo que la Biblia enseña

La Palabra de Dios le dijo a Abram que dejara su país y la casa de su padre por una nueva tierra. El consentimiento voluntario de Abram cambió su vida y cambió la historia de la humanidad. Abram se convirtió en Abraham, el padre de una nación que Dios hizo suya. A través de este pueblo elegido, Dios continuó pronunciando su palabra, revelándose a la humanidad. Hoy nos basamos en la misma corriente de revelación. Dios se nos revela, Dios nos acepta como hijos e hijas, Dios nos da vida a través de la Palabra que el Señor Jesucristo nos ha hablado.

Dios nos da a conocer Su nombre tal como se lo dio a conocer a Abraham para revelarse a Sí mismo, cambiarnos y crear un pueblo para Sí mismo. Su palabra no es una palabra vacía o débil: es una palabra que da vida, una palabra que puede cambiar los corazones. La palabra de Dios nos llega de muchas maneras y se transmite a través de la iglesia, el cuerpo de Cristo. Habla a nuestros corazones a través de la oración y las palabras de la Escritura.

Leer la Biblia como la palabra de Dios es un poder que impregna nuestras vidas, un poder que puede cambiarnos. Escuchar la Palabra de Dios hablada a través de la Palabra de las Escrituras puede llevarnos a una unión más profunda con Dios; La Biblia se convierte en un medio a través del cual el poder de Dios nos rodea, nos transforma y nos lleva a una vida más plena.

La Biblia habla del poder de la palabra de Dios: "¿No es mi palabra como fuego consumidor, dice el Señor, como martillo que quebranta la roca? (Jeremías 23, 29) los pensamientos de vuestro corazón" (Hebreos 4:12). El mismo poder en la Palabra de Dios nos da vida. Porque es "poder de Dios para salvar a todo aquel que cree" (Romanos 1, 16); tiene la capacidad de "resucitar y heredar con todos los santos" (Hechos 20:32).

Lectura diaria

El primer paso para escuchar la palabra de Dios es leer la Biblia todos los días. Por supuesto, la lectura por sí sola no es suficiente. Debe combinarse con la oración; nuestro entendimiento de las Escrituras debe ser ayudado a través del estudio usando las varias ayudas disponibles para nosotros. Además, es necesario comprender el papel que desempeñan las Escrituras en la revelación de Dios y poder escuchar a Dios hablándonos a través de las palabras de las Escrituras. Pero todo nuestro entendimiento de la Biblia debe comenzar y terminar con la lectura de la Biblia para que nuestra vida sea transformada por aquel que nos habla con sus palabras.

La lectura diaria debe convertirse en nuestro alimento y hábito espiritual integral. La lectura de la Biblia no es una cena con la esposa en una ocasión rara y solemne, sino una cena compartida por el esposo y la esposa todas las noches. El tiempo dedicado a la lectura seria de la Biblia puede ser tan importante para edificar un matrimonio como las tardes que pasan juntos. Así como las comidas diarias nos nutren, la lectura diaria de la Biblia trae el poder de Dios a nuestra vida diaria. El proceso de crecer en el ejemplo de Cristo comienza con el bautismo en Jesucristo y termina con la resurrección de nuestros cuerpos a nuestra unión eterna con Él. Al mismo tiempo, Dios nos llama constantemente a crecer en el amor y el trabajo apostólico. Siempre debemos escuchar lo que Dios nos está hablando. Nuestra necesidad de leer la Biblia para escuchar la voz de Dios es interminable. De esta manera, la complejidad y profundidad infinita de la Biblia no nos detendrá de leerla. No estamos llamados a leer la Biblia para aprobar el examen de fin de mes o de fin de año. La prueba vendrá al final de nuestra vida, y entonces se nos pedirá nuestro amor; y no nuestro conocimiento como escribas. Dios solo nos dio las Escrituras para pasar esta prueba de amor. No debemos preocuparnos por todo lo que no sabemos de las Escrituras.

Al comenzar nuestro plan diario de lectura de la Biblia y continuar fielmente, creceremos en unión con Dios. Los frutos de la lectura diaria de la Biblia son más fáciles de experimentar que de describir, porque están profundamente arraigados en nosotros. Apreciamos la belleza del Gran Cañón, un monumento natural creado por la constante y lenta corriente del río Colorado, que erosiona la roca, y solo es visible en el maravilloso efecto de esta erosión.

Las cosas a menudo parecen empeorar y complicarse más. Algunos oran todos los días, pero Dios no parece responder a sus oraciones. En tal caso, es importante que evalúes tu vida. ¿Qué falta? ¿Cuáles son las cosas que necesitas cambiar y hacer?

Si quieres enriquecerte espiritualmente, no basta con orar, tienes que estudiar la enseñanza de Dios leyendo la Biblia. Tomar tiempo cada semana para estudiar las enseñanzas de Dios puede cambiar tu vida, especialmente si pones en práctica lo que aprendes. Pero el problema para muchas personas es que no tienen tiempo debido a su ajetreada vida diaria. Pero si realmente quieres mejorar tu vida, siempre puedes encontrar tiempo.

Para ayudarte a administrar tu tiempo y comprender mejor las enseñanzas bíblicas, hay algunas cosas valiosas que debe tener en cuenta:

Aparta al menos una cierta cantidad de tiempo cada semana para el estudio de las Escrituras. Si te tomas en serio la comprensión de la Biblia y profundizar su conocimiento de la Palabra de Dios, entonces también debes tomar esto en serio.

Dios quiere que sus hijos aprendan su palabra, por eso nos libera del estrés de la vida moderna y nos da tranquilidad; todo lo que tenemos que hacer es volvernos a Él y pedirle a menudo en oración. Recuerda que la palabra de Dios y la oración siempre van de la mano. Ambas partes son importantes en el aprendizaje.

Cuando comienzas a estudiar Su palabra, debes tener un propósito. ¿Qué quieres aprender? ¿Sobre qué principios te gustaría ampliar tus conocimientos? Ora con frecuencia para ayudarte a elegir una meta y descubrirás la importancia de tu estudio de las Escrituras. Puedes tomar notas mientras estudias las Escrituras. Esto puede ayudarte a comprender mejor el significado de lo que encuentras. También se necesita mucho esfuerzo y fe para aprender sus enseñanzas, así que debes entender estas cosas y verás cómo cambiará tu vida.

Capítulo 5:
La importancia de la meditación

Cuando escuchamos meditación, a menudo vemos a una persona sentada en silencio con las piernas cruzadas y la mente en calma. La mayoría de las personas asocian la meditación con sentarse y no creen que puedas estar de pie mientras meditas. Entonces creen que, si te sientas con los ojos cerrados y no roncas, estás meditando.

La meditación no es simplemente sentarse con las piernas cruzadas con los ojos cerrados o sentarse en una silla con los ojos cerrados y los pies en el suelo. De hecho, podemos pensar que alguien está meditando pensando en cosas cotidianas: dinero o en el sexo opuesto. Como en el chiste de dibujos animados: muestra a un monje de un antiguo monasterio, con la cabeza rapada y una cacerola naranja, sentado y "meditando": Las burbujas sobre su cabeza que expresan sus pensamientos representan a una mujer hermosa.

Todos meditamos algo. La madre piensa en el niño: "Son las cinco de la tarde y Juan aún no ha llegado a casa. ¿Dónde está?". El perro medita sobre el gato. Un surfista medita sobre las olas. La mayoría de los empresarios piensan en el dinero. Los políticos piensan en el poder.

Algunos maestros dicen que la meditación significa alcanzar un estado de conciencia en el que la mente está completamente quieta o vacía. Sin embargo, esto es prácticamente imposible. Pensar que no hay nada en tu mente es seguir pensando en algo. ¿Cómo piensas en algo? "¡Oh, casi lo logro! ¡No pienso en nada!" Sólo el pensamiento de que "no pienso en nada" ha invadido allí y lo ha arruinado todo. Nada, como tal, tiene sustancia. Nuestra conciencia está siempre enfocada en algo, material o espiritual.

Tratar de liberar la mente de todos los pensamientos mundanos está más cerca de la verdadera meditación. Uno puede intentar de alguna manera vaciar la mente de todas las formas materiales, nombres, dudas, dificultades y preocupaciones. Pero cuando no tenemos nada positivo o espiritual en lo que enfocarnos, trabajamos duro para evitar que cosas no deseadas entren en nuestra mente. Solo podemos sentarnos y esperar y desear que los pensamientos mundanos desaparezcan tarde o temprano. Esperamos que algún día todos estos pensamientos desaparezcan. Estamos buscando el vacío. El estado de conciencia más alto que se puede alcanzar de esta manera es la completa vacuidad de la mente. Pero tal vez conozcas a personas cuya conciencia se establece exactamente en cero y no siempre es sublime.

Según las enseñanzas de las antiguas escrituras, el significado original de la meditación es meditar en la Suprema Verdad Absoluta. Las posturas sentadas (asanas), los ejercicios de respiración y las prácticas de yoga Kundalini (como levantar la respiración) son solo técnicas preliminares. En particular, se utilizaron en el pasado, pero actualmente no existen condiciones favorables para estas prácticas. Estas técnicas ciertamente ayudan a relajar y separar la mente y los sentidos del mundo que nos rodea para que podamos concentrarnos en un solo lugar, pero ¿dónde? Incluso los llamados maestros de meditación rara vez lo enseñan. La gente a menudo gasta mucho dinero y tiempo tratando de aprender técnicas de pre-meditación, pero nunca llegan al punto de meditar realmente en la Verdad Suprema. Estos métodos pueden ser buenos, pero no son perfectos. Todavía necesitas un sistema de meditación adecuado y completo, un sistema de meditación en el Absoluto.

Si buscas felicidad, salud vibrante, relaciones positivas, plenitud y paz interior, puedes lograrlos a través del poder de la meditación. Tiene innumerables beneficios para tu espíritu, mente y cuerpo. Aparte de estos, hay varios beneficios de tomarse un tiempo para meditar, que descubriremos a medida que profundicemos en este capítulo.

Descubriendo el poder de la meditación

La meditación es una herramienta realmente valiosa que puede ayudar a las personas a mejorar su salud física, combatir el estrés, estar más tranquilos, sentirse más felices, puede ayudarte a dormir mejor, a mejorar tu vida. Sin embargo, en un sentido más profundo, la meditación es una entrada importante a lo desconocido. Puede ayudarte a comprender todos los misterios que rodean tu identidad y quién eres realmente. Al hacer tiempo para la meditación, también te ayudas a alcanzar el objetivo final de la meditación, que es la iluminación. Es la realización de la verdadera naturaleza de tu mente. Al obtener una comprensión más profunda de su conciencia y manejar tus pensamientos, puedes descubrir la realidad y, al cultivar esta práctica, puedes comenzar a desarrollar un estilo de vida activo.

La meditación es realmente importante para la mente. Durante el día mi mente se llena de diferentes pensamientos. Cuando comienzas a reservar tiempo para la meditación, te enfocas en dónde está tu alma y comienzas a aquietar tu mente. Al meditar regularmente, puedes desarrollar una concentración sostenida. Un enfoque mejorado, tensión y estrés reducidos, relaciones mejoradas y energía renovada pueden ayudarte a tener éxito en tus esfuerzos. La meditación es una experiencia espiritual que fortalece tu alma y te permite elevarte a diferentes dimensiones de conciencia superior. Al enfocar tu atención dentro de ti mismo, puedes experimentar estos reinos internos y comunicarte con Dios, cumpliendo así el verdadero propósito de tu existencia. Cada uno de nosotros en realidad tiene un alma divina. El proceso de obtener este espíritu interior, sabiduría y sabiduría se conoce como meditación.

Una manera simple para meditar

Sigue estos consejos:

Elige un lugar tranquilo: Busca un espacio en el que puedas estar en calma y sin interrupciones. Puede ser una habitación tranquila de tu casa, un rincón en el jardín o cualquier lugar donde te sientas cómodo.

Establece un horario regular: Intenta meditar a la misma hora todos los días para crear un hábito. Esto te ayudará a entrar en un estado mental de relajación más fácilmente.

Adopta una postura cómoda: Siéntate en una posición que te resulte grata y estable. Puedes elegir sentarte en el suelo sobre un cojín de meditación o en una silla con los pies apoyados en el suelo. Mantén la columna recta pero relajada.

Relaja tu cuerpo: Antes de comenzar la meditación, lleva la atención a tu cuerpo y relájalo conscientemente. Puedes hacer algunas respiraciones profundas, estirar suavemente los músculos o realizar ejercicios de relajación muscular progresiva.

Enfoca tu atención en la respiración: Utiliza la respiración como ancla para tu atención. Observa cómo el aire entra y sale de tu cuerpo, prestando atención a las sensaciones que surgen con cada inhalación y exhalación. Si tu mente divaga, suavemente tráela de vuelta a la respiración.

Acepta los pensamientos sin juicio: Durante la meditación, es normal que surjan pensamientos. En lugar de luchar contra ellos o juzgarlos, simplemente obsérvalos sin aferrarte a ellos y déjalos pasar. Luego, vuelve tu atención a la respiración.

Cultiva la paciencia y la perseverancia: La meditación es un proceso que requiere práctica y tiempo. No te desanimes si al principio te resulta difícil mantener la concentración. Sé paciente contigo mismo y mantén la perseverancia, sabiendo que cada sesión es una oportunidad para crecer.

Empieza con sesiones cortas: Al comienzo, es recomendable comenzar con sesiones cortas de 5 a 10 minutos e ir aumentando gradualmente a medida que te sientas más cómodo. No te presiones para meditar durante largos períodos si no te sientes preparado.

Utiliza recursos adicionales: Si te resulta útil, puedes recurrir a recursos adicionales, como música suave, sonidos relajantes o aplicaciones de meditación guiada. Estos pueden ayudarte a enfocar la mente y profundizar tu práctica.

Practica la gratitud al finalizar: Al concluir tu sesión de meditación, tómate un momento para expresar gratitud por el tiempo dedicado a ti mismo. Agradece a tu cuerpo, mente y espíritu por esta experiencia de conexión interna y bienestar.

Recuerda que cada persona tiene una experiencia única en la meditación, así que encuentra la forma y el enfoque que te resulten más adecuados. ¡Disfruta de tu práctica y permite que te lleves a un mayor equilibrio y claridad mental!

Capítulo 6:
Escucharte a ti mismo

Estamos bajo una enorme presión ambiental todos los días y las demandas sobre nosotros son altas. Es fácil perderse en el revoltijo de voces que intentan influir en nuestras decisiones. Los medios de comunicación y los extraños a menudo quieren presionarnos para que tomemos ciertas decisiones o acciones. Pero tenemos nuestras voces internas e intuiciones que nos dicen qué hacer en un momento dado. En el caos de la vida cotidiana, podemos ahogar fácilmente nuestra voz interior más importante. Es importante ser conscientes de su presencia y papel en nuestras vidas.

Propia intuición

Constantemente enfrentamos desafíos y tomamos decisiones críticas. Las circunstancias en determinadas situaciones nos pueden agobiar. Pero ese sentimiento en nuestra cabeza a menudo nos dice qué hacer en el momento. No vale la pena obligarse a dar ciertos pasos solo porque es conveniente o para complacer a alguien. A menudo, las mejores decisiones son las que tomamos cuando estamos en armonía con nosotros mismos. Entonces esa voz interior se vuelve más importante y logra mejores resultados. Por supuesto, vale la pena tener en cuenta los consejos y sugerencias de los demás, pero es bueno elegir a aquellos que comparten nuestros puntos de vista.

Postura correcta

Cada situación en nuestra vida tiene un significado, pero lo definimos nosotros mismos. Cómo es la situación depende solo de nuestra reacción a los eventos que suceden en nuestras vidas. Podemos asignar cualquier valor a cualquier situación que nos suceda. Alegría, tristeza, arrepentimiento o perdón son algunas de nuestras reacciones ante lo sucedido en la realidad. El hecho de que una persona reaccione de cierta manera no significa que otra persona deba hacerlo en una situación muy similar. Todo depende de nuestra percepción del mundo, de cómo analicemos el tema.

Consecuencias

Experimentamos los efectos de los estímulos externos todos los días. Periodistas, políticos y publicistas siempre influirán en la sociedad. Animan a las personas a comportarse de cierta manera, a tener preferencias de compra ideales y actitudes políticas que se ajusten al discurso actual. Los mensajes subliminales creados por los medios y lo que se difunde en los medios están diseñados para persuadir a las personas para que se comporten en consecuencia. Es fácil dejarse absorber por la charla y la propaganda, pero también puedes elegir tu propio camino y descubrir otras fuentes de conocimiento sobre el mundo. A veces sentimos que algo anda mal con nosotros y no aceptamos las opiniones que los medios tratan de imponernos. Cuando pensamos por nosotros mismos, tenemos una creencia interna de que algo es bueno o malo para nosotros.

Opciones diarias

La complacencia es la clave para tomar una decisión. Cómo nos sentimos acerca de nuestra elección será una de las preguntas más importantes. Sin embargo, debemos asumir el 100% de responsabilidad por cada decisión que tomemos. Cada vez que asumimos la responsabilidad, podemos cambiar nuestra actitud. Incluso los peores resultados pueden revertirse porque nos dejan una enseñanza. A través de decisiones conscientes, podemos tomar el control de nuestras vidas y confiar más en nosotros mismos. Con el coraje de descubrir cosas nuevas, nos abrimos más a nuevas posibilidades. Quitamos el miedo y ganamos coraje para afrontar nuevos retos.

Diálogo interno

Todos los días tenemos un diálogo con nosotros mismos en nuestras mentes. Hay muchos pensamientos que son en su mayoría negativos y asociados con la duda. Tenemos que involucrarnos en este diálogo interno negativo que tenemos. No dejemos que nuestra mente, que sabe exactamente qué es lo mejor para nosotros y cómo afecta nuestro comportamiento, arruine nuestros planes. Podemos controlar nuestras emociones, pensamientos y actuar sobre nuestras convicciones internas. Mientras actuemos, sin duda podemos hacer grandes cosas y beneficiarnos mucho. Lo más importante es dar el primer paso y comenzar con el siguiente. Cuando caminamos con confianza y en lo que creemos, podemos hacer cosas asombrosas.

Ser un ejemplo positivo

Vale la pena inspirar a otros a emprender acciones de acuerdo con su voz interior. Si demostramos que la armonía con nosotros mismos puede producir resultados positivos y tangibles, animamos a los demás a hacer lo mismo. Cuando inspiramos y ayudamos a otros, también nos convertimos en mejores personas. Como resultado, también mejoramos nuestra calidad de vida y con el universo. Vale la pena aprender de los demás y al mismo tiempo ser un ejemplo vivo de cambio efectivo que puede ayudar a otros, que redundará siempre en nuestro espíritu.

La importancia de la voz interior

Al pasar algún tiempo cada día en comunión agradecida y aprender a escuchar tu voz interior, puedes desarrollar una gran sabiduría. No hay mejor manera de crear una vida plena que aprender el arte de alinearse con tu yo más inspirado, tu voz interior. Esas voces brindan orientación en esta vida difícil. A medida que aprendas a escucharla, sabrás que puede marcar una gran diferencia en tu vida.

Todo el mundo tiene una voz interior, solo aprende a escuchar y deja que te guíe. Al continuar escuchándola, puedes comenzar a vivir una vida auténtica y plena.

Tienes una voz interior, y no es un padre crítico, una personalidad adictiva o un gasto compulsivo en tu cabeza. Viene de la parte de ti que te ayuda a expresar quién eres realmente. No grita, en realidad habla y se comunica contigo desde un punto silencioso dentro de ti. Dado que este es un sonido sutil, debes estar muy callado para escucharlo. Si tu mente está llena de preocupaciones, pensamientos extraños, añoranza, ira, estrés, tristeza o miedo, nunca escucharás esa voz. De hecho, se necesita algo de práctica para detectarla. No es fácil escuchar los deseos de tu corazón. A veces tu pasión toma la forma de un accidente o de un susurro que te recuerda lo que es importante y lo que te puede hacer feliz.

Aprende a reconocer tu voz interior en un estado de paz y tranquilidad. Necesitas despejar tu mente de cosas innecesarias que te impidan escucharla.

Uno de los mayores secretos para estar en sintonía con tu voz interior y comprender su mensaje es tener un corazón amoroso y agradecido. Expande tu corazón, ábrelo con gran gratitud, y encontrarás que tu voz interior se vuelve más fuerte y más clara. Lo que quieres vendrá fácilmente a la mente.

Capítulo 7: Mantener una actitud positiva

Una mentalidad positiva combinada con una autoestima sólida y un enfoque proactivo de la vida es un conjunto de cualidades que pueden ayudarte a alcanzar tu potencial, creer en tus habilidades y disfrutar de tu vida espiritual. Un nuevo sabor de vida es, en primer lugar, la fe en el éxito personal y, en segundo lugar, la capacidad de redefinir un evento desagradable como algo que se puede aprender para el futuro. ¿Cómo no derrumbarse en la desgracia? ¿Cómo puedo controlar mis emociones? ¿Cómo combatir el estrés? ¡El optimismo y una actitud positiva hacia el mundo te pueden ayudar!

Desafortunadamente, los contemporáneos a menudo quedan atrapados en la apatía. La depresión, las quejas y la tristeza son demasiado comunes entre los jóvenes. Escuchas sobre guerras, desastres naturales, desempleo y tiempos difíciles todo el tiempo en los medios. La gente a menudo pregunta cómo ser feliz. ¿La felicidad contribuye al éxito en la vida o es el éxito en la vida la fuente de la felicidad? ¿De qué depende la salud mental?

Hay dos perspectivas de la felicidad:

Enfoque de abajo hacia arriba: asume que la satisfacción con la vida es la suma de satisfacciones parciales resultantes de aspectos importantes de la vida, como la carrera, la situación material, las relaciones, etc.

Enfoque de arriba hacia abajo: significa que cuanto más feliz eres, más lentes de color rosa usarás, lo que significa que estás más satisfecho con las pequeñas cosas y situaciones de las que las personas menos felices suelen quejarse.

El pensamiento positivo es el resultado de información del mundo exterior, experiencias de vidas pasadas, interpretación de eventos e información sobre uno mismo. Cuanta más información positiva tengas sobre ti mismo, mayor será tu confianza, sentido de competencia y rendimiento laboral.

La esperanza de éxito da fuerza, motiva a luchar y reduce la tensión asociada a los desafíos. Una actitud positiva te pondrá de buen humor. El optimismo y el entusiasmo están asociados con la liberación de las llamadas hormonas felices, las endorfinas en el cuerpo, que tienen un efecto estimulante. El ambiente familiar en el trabajo, en el hogar y en el patio afecta significativamente la calidad de las actividades de las personas y el nivel de condición física. Si hay constantes disputas en el trabajo, desarmonía, tensión, prisa, competencia, el estrés afectará a todos, disminuirá la motivación laboral y la satisfacción con el resultado. Por lo tanto, vale la pena crear una atmósfera de esperanza, apoyo, confianza y comprensión a tu alrededor.

Debes ser amable y bondadoso con los demás, y enfrentar los arrebatos de ira con calma. Lo bueno siempre vuelve con el doble de fuerza. Vale la pena contagiar optimismo a quienes te rodean. Ante la tristeza, la preocupación y la queja, debes existir la "acción" de los pensamientos positivos.

¿Es posible pensar positivamente en situaciones difíciles? ¿Cómo se puede disfrutar de la vida cuando hay tantos problemas y preguntas? La experiencia del dolor, el sufrimiento, la pérdida o la enfermedad no se pueden evitar, es imposible.

A pesar de tu creencia en el dicho "Lo que no me mata me hace más fuerte", los eventos desagradables siempre dejarán una huella en la psique. El pensamiento positivo no se trata de evitar el dolor, ni se trata de engañarte a ti mismo y a los demás para que piensen que el dolor no existe.

El mundo no es solo felicidad. El verdadero valor de la vida radica en la capacidad de estar de acuerdo y aceptar experiencias difíciles. Es importante no insistir en el dolor por mucho tiempo, no alardear de su dolor y no contagiar a otros con tu frustración. El pensamiento positivo se refiere a la capacidad de sacar conclusiones de cualquier situación, incluso de la peor. Muchas experiencias negativas pueden ser el comienzo de un cambio de acción e inspirar mejores opciones de vida. La satisfacción con la vida depende de encontrar incluso los signos positivos más pequeños en cualquier situación.

¿Cómo podemos disfrutar de la vida?

• ¡Sonríele a la gente, incluso si no tienes ganas! Encontrarás que otros también son más amigables y más alegres. No huyas de las críticas, pero utilízalas donde puedas mejorar.

•	Evita a las personas que se quejan mucho, ya que para ellos es más fácil culpar a otros por sus errores.

•	Estate abierto al cambio, se valiente y no tengas miedo de correr riesgos.

•	Cada vez que te suceda algo desagradable, siempre pregúntate: "¿Qué tiene de bueno esta situación? ¿Qué lecciones puedo aprender para el futuro?" ¿Qué me ha enseñado esta experiencia? "

•	Evita los comentarios negativos de los demás.

•	Antes de acostarte, escribe 10 experiencias positivas que hayas tenido durante el día. Saber qué harás este ejercicio por la noche te preparará para las futuras experiencias, estados de ánimo y situaciones agradables durante el día.

•	Las quejas constantes no cambiarán nada, y el optimismo y el entusiasmo te permitirán vivir la vida con más alegría. En lugar de preocuparte de que tu vaso esté medio vacío, debes apreciar que esté medio lleno. Entonces, ¡sigue sonriendo! :)

La forma en que piensas puede tener un gran impacto en tu vida hoy y en el futuro. Si te enfocas en las cosas positivas de tu vida, también tendrás una vida más feliz de lo que jamás imaginaste. Cambiar tu mentalidad positiva también puede generar cambios positivos en tu vida. Esto te permitirá mejorar la situación actual. Te dará la esperanza de que te espera un mañana mejor. Si cambias tu forma de pensar al optimismo, podrás ver el lado positivo de la vida, sin importar cuán difícil o complicada sea. Hay muchos ejercicios positivos que puedes hacer para desarrollar una actitud positiva, comenzando con tus pensamientos. Si sigues pensando "no puedo hacerlo", entonces estás tratando de convencerte de que es verdad. Piensa en positivo y usa palabras afirmativas sobre ti y tu vida.

Necesitas deshacerte de toda la negatividad en tu corazón. No dejes que las emociones negativas como la duda, la ansiedad, el miedo te abrumen. Enfócate siempre en el lado positivo de la vida. Debes recordar que en cualquier situación difícil siempre puedes sacar algo mejor. Aprende a reconocer esas virtudes. Otra cosa que puedes hacer es usar palabras que inspiren fuerza, poder y éxito. Llena tu cerebro con palabras que te harán más fuerte y te harán sentir más feliz.

Capítulo 8:
Tener un corazón agradecido

La gratitud puede ser una herramienta poderosa para cambiar nuestras vidas.

¿Por qué tendemos a centrarnos en lo negativo? Si actúas así, no eres la excepción. Todos queremos estar de buen humor y sentirnos bien. Sin embargo, es más probable que las emociones negativas echen raíces en nuestra mente. Esto se debe a la capacidad de adaptación de nuestro cerebro para aprender de las experiencias negativas. Entonces, la gente naturalmente se enfoca más en lo negativo, porque es lo que hay que evitar o prevenir para estar a salvo. En general, dicho mecanismo está diseñado para la supervivencia.

En el pasado, cuando nuestras vidas a menudo estaban en peligro inmediato, detectar señales negativas podía ser una cuestión de vida o muerte. La neuropsicología explica que, debido a esto, nuestro cerebro se vuelve más sensible a ello y es más probable que percibamos cosas negativas. A pesar de que en nuestro tiempo y en el lugar donde vivimos, la mayoría de las veces estas no son las cosas de las que depende nuestra vida.

Esta tendencia es tan fuerte que ni siquiera tiene que estar ocurriendo realmente. Los pensamientos son suficientes. A través de nuestra actitud negativa, somos capaces de crear una serie de escenarios sobre los que reflexionaremos y que efectivamente estropearán nuestro estado de ánimo.

Aquello en lo que nos enfocamos crea nuestra realidad

Sin embargo, aquello en lo que nos enfocamos crea nuestras vidas. Nuestra satisfacción o falta de ella. Nuestro sentido de felicidad o desesperanza. Ver oportunidades u obstáculos. Como puedes adivinar fácilmente, la tendencia del cerebro a enfocarse en lo negativo no nos llevará a la acumulación de pensamientos y experiencias positivas. Porque deja una marca en nuestra red de neuronas, así como así: negativa. Por lo tanto, aumenta la tendencia a ver lo que está mal y reflexionar sobre lo que está mal. Por ejemplo, si alguien te trata mal, te enfocas más en eso que en una buena conversación o cita. Es como si las situaciones negativas llamaran nuestra atención y enfoque. Y el lado positivo desaparece rápidamente de nuestro campo de conciencia.

En resumen, es más fácil para nosotros ver los errores y centrarnos en lo que está mal y en lo que no funciona.

Quizás también conoces a alguien en tu vida que irradia energía negativa, se queja constantemente, camina infeliz ¿Cómo te sientes acerca de estas personas? Puedes sentir que estás perdiendo energía. Por el contrario, si estuvieras rodeado de personas positivas, amigables y atractivas, ¿dirías que irradian buena energía? Si no lo has pensado, presta atención.

Gratitud

En mi opinión, la gratitud es la forma más fácil de transformar tu mente. Fortalece la positividad. Con el tiempo, la estructura del cerebro cambia. Es un poco como remodelar nuestra personalidad. Estamos agradecidos por algo y solo entonces podemos comenzar a experimentar una abundancia de energía. Se vuelve más fácil para nosotros apreciar y ver las cosas buenas de la vida. O estar satisfechos con nuestras vidas sin importar cuánto lo intentemos. Es esfuerzo y metas en el camino, y gratitud en el camino.

Hay mucha gente que dirá "buen discurso... pero no tengo nada que agradecer". Eso es lo que dice la gente cuando no practica la gratitud y sus redes neuronales están programadas para ser negativas. Practicar la gratitud cambia eso, pero si estamos dispuestos a intentarlo o aceptar previamente que no hay lugar para la gratitud en nuestras vidas, es nuestra elección. Vale la pena señalar que varios estudios han confirmado que la práctica de la gratitud promueve una mayor felicidad, una apertura a nuestra espiritualidad, en lugar de requerir una mayor felicidad para sentirse agradecido.

El problema con la falta de resultados es uno: la falta de práctica sistemática.

La tendencia a condicionar la gratitud

"Estar agradecidos" requiere decisiones sabias y una conciencia inspirada, porque el mundo no nos ayudará a sentirnos agradecidos. Fíjate cómo surgen nuestras necesidades y cómo regulan nuestra felicidad. Cómo nos enfocamos en lo que no tenemos y en lo que debemos tener para ser felices. Viajes, ropa, cosmética, coches... Un sinfín de necesidades materiales e inmateriales.

A esto se suman las experiencias previas negativas, el estrés laboral y las prisas. Afectan la forma en que funcionan nuestras neuronas y dejan una huella permanente en nuestra estructura cerebral.

Extrañamos los momentos de apreciar lo que tenemos ahora. Podría decir que funcionamos en la energía de la carencia. ¿Cómo se supone que debemos sentirnos bien cuando todavía sentimos que nos falta algo? ¿La sensación de que somos imperfectos?

Creemos que podemos estar agradecidos cuando nuestras vidas comienzan a encajar. Pero esto es una ilusión. Es al revés. Nuestras vidas están empezando a mejorar, nos sentimos mejor y es más fácil para nosotros tener éxito en cualquier cosa cuando nos sentimos agradecidos.

A menudo inconscientemente regulamos nuestra felicidad por cosas en nuestras vidas que no han sucedido o sucederán. Esto significa que pensamos de tal manera que nos sentimos felices cuando algo sucede. Completaremos cursos, aprobaremos exámenes, encontraremos socios de cooperación, ejecutaremos proyectos urgentes, etc. Entonces tenemos algo por lo que estar agradecidos. Pero eso no es verdad.

Entonces, después de un momento de alivio o alegría, esperamos de nuevo otro buen momento. Así que todavía nos estamos enfocando en lo que nos falta, lo que debe suceder, lo que aún no tenemos. Nuestras vidas no son sobre la abundancia, sino sobre la escasez... como si nuestras vidas no fueran ya así. Todavía no se siente lo suficientemente bien como para estar agradecido.

Los grandes eventos como promociones, nacimientos, matrimonios y graduaciones son raros. Nuestras vidas continúan todos los días. A su vez, el tiempo pasó rápidamente. De cara al futuro, 10 años parece un largo camino. Pero luego nos sorprendió que hayan pasado 10 años. Además, también vale la pena saber que toda experiencia negativa también debe ser positiva para que nos sintamos bien. Además, es una razón para centrarse conscientemente en las cosas buenas de la vida: vivir con gratitud.

Cómo practicar la gratitud

Para que el cerebro cambie y coseche los muchos beneficios de la gratitud, una persona debe aprender a experimentar la gratitud diariamente, notando varias cosas pequeñas en nuestras interacciones con otras personas, en las cosas que hacemos, etc.

Solo con pensar, "Estoy agradecido por esto, por eso, por aquello" no es suficiente. ¿Quieres decir "gracias" a alguien?, por obligación; no hay energía de gratitud involucrada. La gratitud es un sentimiento, un estado de ánimo. Así que tienes que atravesarlo, experimentarlo. Cómo conectar la mente con el corazón. Así que debes saber por qué estás agradecido e intentar sentir ese estado. Enfócate en eso internamente. Cuando estás verdaderamente agradecido, tu cuerpo se relaja y al instante te sientes más feliz. Solo el pensamiento de gratitud hace que la mente fluya rápidamente y el estado de ánimo cambiará mucho.

Al principio, puede ser difícil para nosotros sentir gratitud. Estamos acostumbrados a otra cosa. El cerebro se apresurará a rechazarnos, creando algunos "sí, pero" y dando razones por las que pensamos que "no tenemos nada que agradecer" en la vida. Pero eso cambia si lo practicas. Después de unas semanas, comenzarás a sentir los cambios. Primero, puedes mirar o concentrarte en las cosas por las que puedes estar agradecido. Este punto de vista no es del todo obvio. De alguna manera, el cerebro tiende a detectar cosas negativas y amenazantes.

Para experimentar la gratitud, ayuda escribir las cosas por las que estás agradecido. Al menos un rato. Escribir calma y enfoca la mente. Entonces se vuelve más fácil concentrarse y experimentar un estado de gratitud.

Siempre hay razones para estar agradecido

Cuando comenzamos a practicar la gratitud, también puede ser difícil para nosotros encontrar las cosas por las que queremos estar agradecidos. Algunas cosas nos parecen tan obvias que no las notamos. Pero todo es elemental, porque realmente podemos estar agradecidos por todo. Cuanto más practicamos la gratitud, más razones podemos encontrar. Naturalmente, comenzamos a centrarnos en la abundancia en lugar de la escasez. En lugar de esperar lo que sucederá en el futuro, comenzamos a experimentar estos sentimientos a diario, dándonos motivos para estar agradecidos y felices.

Si sientes que no tienes nada por lo que estar agradecido, tómate un tiempo para reflexionar sobre la vida misma. ¿No es la misma oportunidad de vivirla, de experimentarla en todos sus aspectos, en sí misma una razón para estar agradecido?

De todos modos, tuvimos suerte con el nacimiento. De los miles de millones de conexiones posibles entre el espermatozoide y el óvulo, y de su potencial fracaso, hubo una conexión afortunada que nos creó. Se nos ha dado el regalo de la vida para que podamos experimentar todos sus matices. Depende de lo que hagamos en esta vida. Cada uno de nosotros tiene su propio camino. En otras palabras, hay muchas opciones y caminos, y depende de cuál se elija. Sin embargo, siempre podemos optar por cambiar. Entonces, incluso si elegimos mal, ganamos nueva experiencia y luego podemos elegir de manera diferente. Buscando razones para estar agradecidos, recordemos estar agradecidos no solo por algo o alguien, sino también por nosotros mismos.

Lo que estoy tratando de decir es que no deberíamos darnos cuenta de las cosas buenas en nuestras vidas solo cuando las perdemos y comencemos a extrañarlas. Esto es, por ejemplo, con la salud. Damos tanto por sentado el estar bien que ni siquiera pensamos en lo afortunados que somos de estar sanos hasta que algo malo sucede.

Al revés: notemos buenos cambios. Con las dolencias, por ejemplo, a menudo sucede que las notamos fácilmente, pero cuando pasan, no nos sentimos agradecidos por ello. Esto se aplica no solo a la salud, sino a cualquier situación embarazosa. No estamos contentos cuando ocurren, pero no nos sentimos agradecidos cuando pasa o cuando lo solucionamos.

Quizás sientas que sentirte agradecido cuando nada espectacular sucede en tu vida no sirve de nada. Entonces escucha:

¿Qué cambia después de unas semanas de gratitud? Comenzarás a ver más de lo bueno en la vida. Tu estado de ánimo mejorará. Comenzarás a disfrutar de todo tipo de cosas que antes no habías notado. Con el tiempo, la estructura de las neuronas en tu cerebro cambia y te vuelves más feliz. Empezarás a ver las posibilidades. No hace falta decir que afecta tu productividad, comportamiento, bienestar y autoestima. Tu inmunidad también mejorará y posiblemente todo tipo de enfermedades desaparecerán a medida que nuestro enfoque afecte nuestra fisiología y hormonas.

Cuanto más expresamos nuestra gratitud, menos propensos somos a la apatía, la tristeza y la renuencia a actuar. Nuestra sensibilidad al estrés también se reduce. Al mismo tiempo, afecta la percepción de emociones más positivas. Cuanto más expresamos nuestra gratitud, más disfrutamos con alegría los simples momentos cotidianos. La gratitud afecta positivamente la calidad de nuestras vidas. También aumenta la vitalidad y tiene un efecto positivo en la autodisciplina y en nuestro espíritu.

Es agradable sentir que todo va bien en tu vida. Este sentimiento proviene de practicar la gratitud. Es más efectivo empujarnos a hacer cosas diferentes en la vida basándonos en eso porque tenemos diferentes y más energía.

Buscamos la felicidad, pero podemos experimentar mucha felicidad a través de la gratitud. Al centrarnos en las cosas buenas de nuestra vida, comenzamos a pensar positivamente y nuestro comportamiento cambia. Vemos lo bueno en los demás y mejoramos nuestras relaciones. Esto es especialmente importante en las relaciones íntimas porque nuestra tendencia natural es centrarnos en las cosas que no nos gustan.

La gratitud nos permite vivir el momento. Es decir, reduce nuestra tendencia a vivir en el pasado o en el futuro. Al mismo tiempo, también nos permite empezar a ver posibilidades. Practicar la gratitud nos ayudará a dormir mejor. Nos volvemos más saludables. Si tenemos una enfermedad, tiene el potencial de desaparecer o disminuir.

La gratitud es un estado de ser

Practicar la gratitud regularmente nos lleva a sentirnos cada vez más agradecidos y eventualmente se convierte en nuestro estado de ánimo. Así que tenemos un filtro de gratitud en nuestro cerebro y todo pasa por él. Comenzarás a apreciar tu pasado y presente. A medida que pasa el tiempo y miramos hacia atrás en varios eventos difíciles, vemos que sirvieron para algo, que se necesitaban. Gracias a ellos, algo importante cambia en nosotros, y empezamos a notar y comprender más.

Cuando empiezas a vivir con gratitud, tu estado natural es la felicidad. Viene de dentro de ti. Si conoces a alguien con quien te llevas bien y te vas completamente satisfecho después del encuentro, probablemente sean personas que aprecian la vida y todos sus colores.

¿Cuánto tiempo se tarda en empezar a ver resultados?

Comenzarás a ver más de lo bueno en tu vida. Tu estado de ánimo mejorará. Comenzarás a disfrutar de varias cosas a las que antes no prestabas atención. Con el tiempo, la estructura de las neuronas en tu cerebro cambiará y serás más feliz. Comenzarás a ver oportunidades. No hace falta decir que afectará tu eficacia, tu comportamiento, tu bienestar y autoestima. Tu inmunidad también mejorará y existe la posibilidad de que varias dolencias desaparezcan, porque en lo que nos enfocamos afecta nuestra fisiología, nuestras hormonas.

Cuanto más practicamos la gratitud, menos propensos somos a la apatía, la tristeza y la renuencia a actuar. Nuestra susceptibilidad al estrés también se reduce. Al mismo tiempo, influye en la sensación de emociones más positivas.

Cuanto más practicamos la gratitud, más disfrutamos de los simples momentos cotidianos de placer. La gratitud afecta positivamente nuestra calidad de vida.

También añade vitalidad y tiene un efecto positivo en la autodisciplina.

Es lindo sentir que todo está bien en nuestras vidas. Y nosotros también estamos bien, ¿no crees? Este sentimiento viene con la práctica de la gratitud. Esforzarse sobre esa base para cosas diferentes en la vida es más efectivo porque tenemos energía diferente y tenemos más de ella.

Estamos buscando la felicidad y, sin embargo, podemos sentirla mucho practicando la gratitud.

Al centrarnos en lo que es bueno en nuestra vida, comenzamos a pensar en términos positivos y nuestro comportamiento cambia. Vemos lo que es bueno en los demás, lo que mejora nuestras relaciones. Es especialmente importante en las relaciones cercanas, porque nuestra tendencia natural es prestar atención a lo que no nos gusta.

Practicar la gratitud nos sitúa mucho en el presente. Es decir, reduce nuestra tendencia a vivir en el pasado o en el futuro. Al mismo tiempo, hace que empecemos a ver oportunidades.

Al practicar la gratitud, comenzaremos a dormir mejor. Seremos más saludables. Si tenemos alguna dolencia, existe la posibilidad de que desaparezca o disminuya.

La gratitud como un estado de ser

La práctica regular de la gratitud nos llevará a experimentarla cada vez más, y eventualmente se convertirá en nuestro estado de ser. Así habrá un filtro de gratitud en nuestro cerebro por el que pasa todo. Comenzarás a apreciar tu pasado y presente. Cuando pasa el tiempo y miramos hacia atrás a varios eventos que fueron difíciles, resulta que sirvieron para algo, que se necesitaban. Que, gracias a ellos, algo importante cambió en nosotros y comenzamos a notar y comprender más.

Cuando llegues al punto en que comiences a vivir con gratitud, tu estado natural será la felicidad. Se irradiará desde dentro de ti. Si conoces a personas con las que te llevas bien, y después de la reunión sales con alas y construido, entonces estas son probablemente personas que aprecian la vida y sus diversos matices.

¿Cuánto tiempo se tarda en empezar a ver los efectos?

Algunos investigadores mencionan que se necesitan 21 días de práctica para lograr efectos y cambiar el cerebro. Para algunos de nosotros, esto puede ser suficiente para aprender a vivir agradecidos, mientras que a otros les lleva mucho más tiempo. Es como con los hábitos. Esperar cambiarlos después de 21 días puede ser decepcionante y desalentador.

Otros argumentan que es suficiente concentrarse en la gratitud varias veces al día o solo por la noche.

En mi opinión, los mejores resultados, y especialmente los más rápidos, se logran cuando expresamos gratitud con la mayor frecuencia posible. Por supuesto, cuando tenemos una nube oscura en la cabeza, la crítica, el juicio, la insatisfacción, etc. u otros pensamientos perturbadores que nos provocan sentimientos o emociones desagradables. Aunque entiendo que cuando estamos en tales sentimientos o estados emocionales, es más difícil recordar pensamientos de cosas buenas. Si encuentras esto difícil de implementar de inmediato, comienza con una práctica diaria de gratitud para completar tu viaje.

La realidad es que nuestros pensamientos oscuros a menudo no se refieren a los hechos, sino a nuestra interpretación de los hechos. Cuando aprendes a cultivar una actitud de gratitud, te resulta casi imposible experimentar vacío, tristeza y depresión. El universo entero es energía, y la energía es fuerza eterna. Así que lo que quieres viene de la energía.

Para asegurar cosas positivas en tu vida, también debes desarrollar una mentalidad de gratitud.

Cultivar una mentalidad de gratitud

La vida está llena de incertidumbre y puede ser difícil concentrarse en lo positivo cuando las cosas no salen como quieres. Pero si deseas mejorar tu vida y asegurarte un futuro brillante, debes cambiar ahora. Adquiere una mentalidad de gratitud y sigue cultivándola.

Cuando realmente das gracias por algo, situación, persona o cosa, envías un tremendo estado de energía al universo y el universo responde. Si continúas cultivando una actitud de gratitud y miras la vida desde el lado positivo, el universo también traerá cambios positivos en tu vida.

Para desarrollar una mentalidad de gratitud, cambia tu enfoque de lo que no tienes o le falta a tu vida, a lo que tienes en abundancia. Siempre debes estar agradecido, incluso por las bendiciones más pequeñas que recibes. La gratitud por la vida y todas las pruebas que enfrentas todos los días te hace fuerte. Aprende a reconocer las mejores cosas que suceden en tu vida en lugar de enfocarte en lo contrario.

A medida que desarrolles una actitud de gratitud, verás cambios positivos en tu vida. También sentirás que no importa cuán difícil sea sobrevivir, no importa cuán graves sean tus problemas, aún estás viviendo una vida feliz. Recuerda que tu felicidad no depende de los demás; tu felicidad depende de ti. Siempre depende de ti. La forma en que miras la vida hoy se reflejará en el futuro. Siempre agradece lo que tienes y concéntrate en las cosas buenas que la vida tiene para ofrecer.

Capítulo 9:
Usar oraciones afirmativas

Debes ser como una semilla plantada en la tierra. Si la tierra es mala, no crece bien. Si el suelo es fértil, el crecimiento es exuberante. Cuanto más elijas pensamientos que te hagan sentir bien, más rápido funcionará la afirmación.

La vida en la que constantemente piensas y hablas se manifestará en tu vida. Si crees y piensas que puedes hacer algo, puedes hacerlo, así que debes tener cuidado con lo que piensas.

No importa cuán difícil sea tu situación, las afirmaciones motivacionales pueden ayudarte a seguir adelante. Las palabras de afirmación son muy poderosas. Tu sistema de creencias y tu actitud pueden dar forma a tu vida y hacerte exitoso. Si deseas mantener el rumbo y continuar viviendo la vida que deseas, debes aprovechar el poder de las afirmaciones. Todo el mundo tiene el poder de cambiar la trayectoria de su vida y, a través de las afirmaciones, puede marcar una gran diferencia en su vida.

Poder afirmativo

Solo puedes lograr tus sueños y obtener lo que tu corazón desea si crees que puedes hacerlo. Las afirmaciones son en realidad declaraciones que te dices a ti mismo o en voz alta. Te confirmas a ti mismo que lo que quieres sucederá.

La afirmación funciona porque todo lo que te repites a ti mismo influye mucho en tus pensamientos, en lo que sea que te concentres, lo atraes y así obtienes lo que tu corazón desea. Cuando utilices afirmaciones, asegúrate de que sean positivas. Utiliza declaraciones para reflejar lo que quiere que suceda o lo que quiere lograr. Debes recordar que tu vida es en realidad una expresión de tus creencias y pensamientos internos. Las declaraciones son claras y simples, pero increíblemente poderosas. Muchos empresarios profesionales las usan para administrar sus negocios de manera efectiva. Muchos artistas también las utilizan para ser más creativos y generar buenas ideas. También puedes beneficiarte de su poder en todos los ámbitos de tu vida.

El poder de controlar tu vida está dentro de ti. Tú eres el responsable de cómo vives tu vida.

Recuerda que solo tus pensamientos pueden impedir que alcances tus objetivos, y esos pensamientos siempre se pueden cambiar. Es un proceso valioso que no solo cambiará tu perspectiva de la vida, sino también tu calidad de vida espiritual en general.

Ejemplos de afirmaciones positivas:

1.	Con cada respiración, libero la ansiedad y me calmo más y más. (Inhala exhala).

2.	Reemplazo mi malestar y ansiedad por la fe en que todo saldrá bien. Yo lo creo.

3. Libero todos los sentimientos irracionales de miedo, evalúo la información entrante con distancia.

4. Reemplazo el sentimiento de ser víctima de esta situación con la responsabilidad total de mis acciones. Algunas cosas en las que no tengo influencia, otras, sí.

5. Valoro todo lo bueno y positivo que me rodea. ¡Hay mucho!

6. He llegado hasta aquí y continuaré avanzando. La vida continua.

7. Me perdono por siempre "exagerar" la gravedad de mis problemas.

8. Tengo protección - eso es amor.

9. Soy responsable de mi respiración. Puedo ralentizarla, puedo calmarme.

10. No permitiré que mis pensamientos inquietos me dominen.

11. Tengo la capacidad de enfrentar cualquier desafío que se me presente con fuerza y coraje.

12. Aunque las cosas pueden ser inciertas a mi alrededor, estoy seguro de que lo lograré.

13. Soy responsable de cómo me siento hoy. Hoy elijo la felicidad.

14.   Todos los días estoy agradecido por lo mucho que me aman y por las muchas personas que se preocupan por mí.

15.   Esta situación es solo temporal. Lo mejor está por venir.

16.   Estoy tranquilo y concentrado. Controlo mis emociones.

17.   Puedo pensar con claridad y resolver problemas. Soy disciplinado, pienso en el "aquí y ahora".

18.   Agradezco las oportunidades pasadas, sé que llegará el buen momento. Ahora vivo de tal manera que sobrevivo cada día bien y en paz.

19.   Soy lo suficientemente talentoso, creativo y valiente para superar este momento.

20.   No dudo en pedir ayuda. Hay momentos en que necesito el apoyo de mis familiares

Capítulo 10:
Metas de la vida

El propósito de la vida es una decisión, un sueño, un deseo por cumplir, que nos acerca a la felicidad de la vida. ¿Cuál puede ser el propósito de la vida? De hecho, cualquier cosa que dependa de nosotros puede ser una meta. Los objetivos de vida más populares son:

• Encontrar el amor y formar una familia;
• Tener hijos y una familia feliz;
• Acceso a una buena educación y altas habilidades;
• Trabajo bueno e interesante que nos brinde ingresos y satisfacción;
• Autodesarrollo, es decir, desarrollo en campos personales y profesionales elegidos;
• Obtener conocidos y un grupo de amigos;
• Ganar reconocimiento, fama y convertirse en una persona querida en la empresa;
• Viajar, conoce gente nueva, visitar lugares nuevos, aprender cosas nuevas;
• Luchar contra tus propios errores y mejórate a ti mismo.

¿Por qué vale la pena crear una meta de vida?

Nos muestra la dirección de la vida, nos muestra el camino para realizar nuestros sueños y concretar nuestra felicidad. Esto nos hace más ambiciosos, persistentes, consistentes y organizados: sabemos qué y para quién vivimos. Por otro lado, los objetivos alcanzados son:

• Nos permiten crear nuevos planes y sueños, nos motivan y nos involucran más en la acción.

• Aumentan nuestra autoestima, creemos más en nosotros mismos, somos más positivos y podemos disfrutar de los pequeños éxitos.

¿Cómo encuentras tu propósito en la vida? ¿Quieres encontrar tu propósito en la vida? Consejos para esto:

1. ¿Qué te trae verdadera alegría y felicidad? Una simple pregunta puede revelar qué actividades nos traen alegría. Escribe en un papel todo lo que te gusta: estar con las personas que amas, tus derechos, tomar café con amigos, viajar al extranjero, escribir poesía, escuchar música, tocar la guitarra... todo es importante porque te ayudará a encontrar algo que puede ser una agradable distracción en tu vida, o transformarse en una meta o quizás la realización de tus sueños.

2. ¿Cómo pasas tu tiempo libre? Esa es otra pregunta que te brinda la oportunidad de conocerte mejor. Escribe todo lo que haces en tu tiempo libre y tal vez descubras tu pasión oculta que te ayudará a descubrir tu propósito de vida. Quizás has logrado tus metas y deseos en tu tiempo libre sin siquiera saberlo. Muchas veces es esta rutina la que nos aporta felicidad y nos permite alcanzar y cumplir nuestros deseos.

3. ¿Qué haces bien? ¿En qué eres bueno? Esta vez, escribe tus fortalezas, puntos fuertes, lo que sea que se te dé bien. Hazle esta pregunta a tus seres queridos y te dirán qué más estás haciendo bien y que tal vez ni siquiera te des cuenta. Haz una lista de todos tus talentos y rasgos de carácter positivos: estos son tus recursos que te permitirán encontrar tus objetivos de vida y alcanzarlos.

4. ¿Qué es importante para ti en la vida? Ahora trata de responder a esa pregunta, ¿Es una familia, una buena relación con los seres queridos, un deseo de pareja, hijos? ¿O tal vez un buen trabajo, una carrera, una oportunidad de ganar? ¿O quieres construir una casa, criar mascotas, administrar un hotel, un restaurante o una granja de agroturismo? Por otro lado: ¿te gusta viajar? ¿Quieres visitar nuevos lugares, países y seguir aprendiendo cosas nuevas? Haz una lista de tus planes, ten en cuenta su importancia y, a partir de ahí, puedes comenzar a formular tus objetivos.

5. ¿Qué quieres aprender? Sabes y sabes mucho, te educas, mejoras tus conocimientos y habilidades, pero definitivamente hay cosas que quieres aprender. Tal vez quieras aprender a bailar, aprender un idioma extranjero, asistir a clases, volver a capacitarte. Anota tus deseos y añádelos a la lista anterior: has definido tus prioridades de vida y deseos de realización personal, y esto los complementarás a la perfección.

6. ¿Qué harías si ganaras mucho dinero? entonces, qué estás haciendo ¿Quieres usar tus ingresos para construir una casa, comprar un auto y cumplir tus deseos? ¿Vas a hacer el viaje de tu vida que cambiará por completo tu día a día? ¿O tal vez todavía estás trabajando y depositando ganancias en una cuenta?

¿O tal vez compartes tu riqueza con otros, como los necesitados? La respuesta a esta pregunta te dirá mucho sobre ti. Aquí hay una visualización interesante que te permite revelar muchos sueños ocultos y lo que harías si pudieras cambiar tu vida actual.

7. ¿Quiénes son sus fuentes de autoridad e inspiración? Ahora piensa a quién admiras, quién es tu ejemplo, quién te inspira, a quién deseas seguir. ¿Quizás son tus padres, amigos, actores famosos u otras celebridades? ¿Fue Jesús u otro apóstol? Haz una lista de estas personas y anota por qué las admiras.

8. ¿En qué estás soñando? Una pregunta simple pero difícil: ¿cuál es tu sueño? Con toda la información anterior en mente: no te limites, anota todo lo que se te ocurra. Estos pueden incluir tus planes personales y profesionales, tu apariencia física, rasgos de personalidad como tener hijos, encontrar un trabajo mejor pagado, construir una casa, perder peso, convertirte en una persona más educada. Esto te permitirá alinear tus deseos y alinear tus metas de vida con ellos.

9. ¿Dónde te ves dentro de 10 años? Ahora viajamos en el tiempo: ¿cómo te ves a ti mismo y a tu vida dentro de diez años? ¿Cómo te ves, quién eres, qué haces, quién está a tu lado? Para muchos de nosotros, esto puede ser una situación divertida, pero también una lección importante: ¿Cómo veo el futuro? ¿Qué espero de mí mismo y de la vida? Vale la pena considerar tus sueños al hacer una lista de tus objetivos de vida.

10. Si solo te quedaran 12 meses, ¿qué harías?
Finalmente, está la visualización, pero todavía es un poco... ¿incómoda? ¿cruel? No tengas miedo de tales imágenes y recuerda que esta es solo una teoría que puede decir mucho sobre sí misma. La vida es corta, muchos enfermos terminales no saben que están enfermos, no saben que están contando los días, lo precioso que es para ellos cada momento... imagina que estás en el último año de tu vida. Vida futura: ¿qué hacer? ¿Cómo pasar estos 12 meses? Ahora volvamos a la realidad. Planeas tu vida. ¿Ya sabes a dónde vas?

El propósito de la vida - hechos y mitos

¿Crees que sabes casi todo lo que hay que saber sobre el propósito en la vida? En ese caso, las últimas dudas a continuación quedarán definitivamente despejadas.

• La vida sin dirección es monótona, aburrida y puede ser deprimente –Verdad.

Aunque muchos de nosotros admitimos que no tenemos un propósito claro en la vida, después de un tiempo nuestra vida diaria sin ningún plan comienza a sentirse aburrida, plana y sin sentido. Después de un tiempo, esta presencia puede incluso, pero no necesariamente, causar muchas dificultades en el funcionamiento emocional y, por lo tanto, incluso conducir a la depresión. Vivamos por algo, por alguien, hagamos un plan, pongámoslo en acción. ¡Es mejor experimentar el fracaso que arrepentirse de no vivir!

- **Las metas de la vida deben ser importantes, grandes, elevadas, ¡falso!**

Las metas de la vida no tienen que ser misiones, cosas grandes, pueden ser pequeñas, pero las metas que son importantes para nosotros y alcanzarlas traerán felicidad, por ejemplo, obtener una licencia de conducir, escribir un poema, terminar una renovación de la cocina, comprar un coche, etc.

- **Podemos tener un objetivo común con alguien - Verdad**

Por supuesto, a menudo perseguimos objetivos comunes, por ejemplo, en el trabajo y en nuestra vida personal. Mi cónyuge y yo tenemos objetivos comunes, por ejemplo, tener hijos, construir una casa, comprar un automóvil. También podemos compartir objetivos con los padres, como irse de vacaciones u organizar eventos para familiares o amigos.

- **Debes tener objetivos altos y más pequeños – Falso**

No debe haber una meta grande y muchas metas pequeñas, podemos elegirlas de acuerdo a las necesidades de la vida, por ejemplo, tenemos dos metas importantes: Crear una familia y encontrar un trabajo que sea igual o más importante que el existente, subordinado y dependiente de otros objetivos, por ejemplo, encontrar un apartamento, casarse, etc.

- **Las metas de la vida pueden cambiar - cierto**

Por supuesto que es. Las metas de la vida son dinámicas y ya podemos renunciar a algunas cosas en el proceso de lograrlas, como cuando una mujer intenta conseguir un ascenso y queda embarazada: se niega a pedir un salario y se enfoca en su salud y bienestar de su bebé. Por otro lado, un hombre que planea el viaje de su vida al extranjero encuentra a su amor y puede enfocarse en construir un futuro junto a ella, postergando así el viaje. Recordemos que no tiene nada de malo cambiar tus metas en la vida, cámbialas. Muestra que analizamos nuestra vida, somos conscientes de nuestras posibilidades y deseos y tratamos de realizarlos.

Puede que ni siquiera lo sepas, pero establecer una meta espiritual te ayudará a mejorar tu vida y desarrollar tu espiritualidad. En este mundo complicado y aterrador, puede ser bastante difícil considerar tu espiritualidad. La mayoría de las veces, las personas están tan ocupadas con sus vidas que olvidan los aspectos más valiosos de su existencia. Ahora es el momento para que te relajes, hagas una pausa y explores tu vida.

Cultivar tu espiritualidad con un propósito espiritual puede ayudarte a traer paz y felicidad a tu ser.

Al hacer una lista de propósitos, muchas personas olvidan un aspecto importante: su espiritualidad. Debes recordar que una meta espiritual puede ser un gran activo para ayudarte a alcanzar tus metas o lidiar con muchas cosas en tu vida que deseas cambiar. Este es el momento perfecto para hacer valiosos compromisos espirituales que pueden ayudar a mejorar quién eres, tus relaciones con la familia, los amigos y la pareja, y tu relación con Dios.

Cuando comienzas a tomar decisiones espirituales, puedes experimentar una vida más rica. Cuando comienzas a comprometerte, también comienzas a experimentar una vida de paz y felicidad continua. Eres capaz de apreciar la belleza de la vida y siempre ver el lado bueno de todo. Tu determinación mental te ayudará a confiar en que el mañana siempre será mejor que hoy, lo que te ayudará a seguir siempre adelante con fe en Dios. Tómate el tiempo para comprender las enseñanzas de Dios y nunca dejes de orar hasta que encuentres respuestas a tus oraciones. Crea una vida de fe y amor.

La vida nunca será perfecta, pero si comienza a desarrollar una resolución mental, puede experimentar una vida más significativa y feliz. ¡Adelante!

########

Also by Ashley Colem

Bien Trop Brutal

Obsede Par Elle

Limite dépassée

Amour Improbable

Kataliya, la Parfaite Élue

Le Choix Ultime d'un Seul Amour

Réveille-toi, Barbara

Sexe à Répétition

Taïna est en feu

Captive d'une Nuit Enneigée: Jusqu'à ce qu'elle apparaisse et que son âme se sente captivée

Ces Attouchements Tabous: Cette nuit-là, il a changé ma vie pour toujours

Épuisement: Sienna est peut-être jeune, mais son corps sait ce dont il a besoin

Il va l'avoir: William veut Jesse plus que tout au monde

La Femme de ses Rêves: Il est obsédé par la jeune beauté qui lui a volé son cœur

Le No 1 des Connards: Il ne cherche pas d'excuses pour ce qu'il est ou ce qu'il fait

L'étrange Mariage du Milliardaire

Maintenant... Elle est à moi pour Toujours: Je mets un bébé dans son ventre et une bague en diamant à son doigt

Piégé par elle

Tenir si Fort: Il ne savait pas qu'une obsession pouvait s'emparer de lui aussi fort

Un Alpha de Mauvais Caractère: Aucune femme n'a jamais été capable de le gérer

Un Échange Très Étrange: Le destin de Cian et de Serenity, croisés dans un lycée américain

Limite Superato

Amore Improbabile

Kataliya, la Perfetta

La Scelta Definitiva di un Singolo Amore

Sesso ripetuto

Taina è in Fiamme

Esaurimento

Intrappolato da lei

La Donna dei Suoi Sogni

Lo Stronzo #1

Ora è mia... per sempre

Prigioniero in una Notte di Neve

Sta per Averla

Stringere Così Forte

Obsession: Tout a changé la première fois que Jackson a vu Dina

Svegliati, Barbara: Stare con Clark diventa un grosso problema

Agarra tan Fuerte

Atrapado por ella: La persona a la que quería hacer daño resultó ser la única que le había llegado al corazón

El Éxtasis de lo Prohibido: Después de que Nadia descubre que Bady la engaña

El gilipollas nº 1: No pone excusas por lo que es o por lo que hace

L'estasi del Proibito: Dopo che Nadia scopre che Bady la tradisce

L'extase de l'interdit: Après que Nadia découvre que Bady la trompe

Nadia, 18 ans, n'est pas sûre de ses envies mais est consciente que son petit ami du lycée ne lui convient pas. Bady la trompe, ce qui confirme ses inquiétudes selon lesquelles il pourrait être plus un joueur qu'un conjoint engagé.

Nadia est emmenée dans un pub par son amie, où elle rencontre un homme charmant qui lui fait perdre son innocence. Elle pense avoir trouvé une personne de confiance. jusqu'à ce qu'il ne l'appelle plus jamais...

La colocataire de Nadia l'oblige à quitter son appartement un mois plus tard. Sa dernière chance semblait être idéale après avoir cherché dans toute la ville une nouvelle maison où résider. Jusqu'à ce qu'elle rencontre le propriétaire, un personnage familier d'il y a un mois, qui doit approuver son bail.

Chapitre 1

Nadia

Bady veut coucher avec moi ce soir. Je sais qu'il le fait. Il ne l'a pas dit à voix haute, mais il n'est pas obligé de le faire. N'importe quelle fille vous dira qu'elle sait quand un homme veut le faire. C'est écrit partout sur eux. De leurs paroles, à leur visage, en passant par la façon dont ils bougent. Et en plus de ça, Bady m'a demandé s'il pouvait m'emmener dîner ce soir dans mon restaurant préféré alors que ce n'est même pas mon anniversaire ou notre anniversaire ou toute sorte d'occasion spéciale.

« Juste parce que » fut son explication. J'ai souri et j'ai accepté, faisant comme si je ne savais pas ce qu'il faisait ni quelle était sa motivation, mais je le savais. Il m'a tenu la portière de la voiture, puis celle du restaurant quand nous sommes arrivés, et a même tiré ma chaise pour moi à table comme si j'étais une sorte de princesse ou quelque chose du genre.

C'était vraiment exagéré, mais qu'étais-je censé dire ? « D'accord, Bady, tu peux arrêter de jouer, je sais ce que tu fais » ?

Non, je l'ai juste laissé faire son truc et j'ai souri alors que nous étions assis côte à côte à la table hibachi et regardions le chef agiter ses spatules en métal, faisant des volcans de riz frit et nous jetant des crevettes et des morceaux de steak avec une précision folle. Je ne sais pas pourquoi il pense que le hibachi est ce que je préfère au monde. Je suppose que parce que je lui ai mentionné que j'étais allé au hibachi pour mes seize ans et que j'avais passé un bon moment, et c'est tout ce dont il se souvient de moi.

Au moins, il se souvient de quelque chose, je suppose...

Nous avons partagé une glace au thé vert, et il a récupéré le chèque et m'a ensuite tenu toutes les portes en sortant.

Cela fait maintenant environ quatre mois que nous sortons ensemble. Notre relation a commencé à la fin de la dernière année et